U0104977

古典文獻研究輯刊

三二編

潘美月・杜潔祥 主編

第30冊

長安高僧錄（上）

梁曉燕、閆強樂 著

國家圖書館出版品預行編目資料

長安高僧錄（上）／梁曉燕、閆強樂 著 -- 初版 -- 新北市：
花木蘭文化事業有限公司，2021〔民110〕
序2+目18+146面；19×26公分
（古典文獻研究輯刊 三二編；第30冊）
ISBN 978-986-518-411-7（精裝）
1. 僧伽 2. 佛教傳記 3. 中國
011.08　　110000610

ISBN-978-986-518-411-7

古典文獻研究輯刊
三二編　第三十冊　　ISBN：978-986-518-411-7

長安高僧錄(上)

作　　者　梁曉燕、閆強樂
主　　編　潘美月、杜潔祥
總 編 輯　杜潔祥
副總編輯　楊嘉樂
編　　輯　許郁翎、張雅淋　美術編輯　陳逸婷
出　　版　花木蘭文化事業有限公司
發 行 人　高小娟
聯絡地址　235 新北市中和區中安街七二號十三樓
　　　　　電話：02-2923-1455／傳真：02-2923-1452
網　　址　http://www.huamulan.tw 信箱 service@huamulans.com
印　　刷　普羅文化出版廣告事業
初　　版　2021年3月
全書字數　380293字
定　　價　三二編47冊（精裝）台幣120,000元　

長安高僧錄（上）

梁曉燕、閆強樂 著

作者簡介

梁曉燕，西安建築科技大學陝西省新型城鎮化和人居環境研究院、中國城鄉建設與文化傳承研究院助理教授，理學博士，2013 ～ 2020 年就讀於蘭州大學，主要關注陝西地方文化傳承研究。

閆強樂，中國政法大學法學院博士研究生，2011 ～ 2018 年就讀於蘭州大學，主要關注陝西地方文化以及中國法律史研究，出版專著《趙舒翹年譜》（花木蘭文化事業有限公司 2019 年版）、《正史法律資料類編（先秦秦漢卷）》（花木蘭文化事業有限公司 2021 年版），在《中國史研究》、《原道》等刊物發表論文多篇。

提　要

長安高僧、長安佛教在中國佛教史中的地位殊勝，長安佛教的研究，對整個中國佛教史的研究具有重大意義。本書包括長安高僧錄、遊長安高僧錄兩部分，主要收錄元代以前在長安地區的 130 餘佛教高僧的小傳和經長安進行佛事活動的 400 多位高僧的行狀，通過高僧的行跡集中反映了長安地區佛教發展、演變，資料翔實，內容豐富，對於長安地方文化、中國佛教史、絲綢之路的研究具有一定的基礎作用。

序

杜斗城

佛教自兩漢之際傳入中國，之後蓬勃發展，深刻影響中國社會及文化。關中地區是中華文明的起源及發展的重要地區，長安更是在佛教東傳中國的歷史進程中佔有重要地位。自佛教傳入中國，長安即為重要之地。歷代於長安建都的王朝，統治者大多崇信佛教。如前秦苻堅、後秦姚興、隋朝二帝、唐太宗、武則天、唐玄宗……此舉皆對長安佛教之發展產生重大影響。

自西晉竺法護、帛遠；前、後秦之釋道安、曇摩難提、鳩摩羅什；隋唐時期之吉藏、信行、玄奘、道宣、善無畏、不空、善導、神秀等等高僧大德皆在長安譯經弘法，是時長安高僧雲集，佛法昌盛。尤以鳩摩羅什的譯經集團、玄奘的譯經活動為盛。此舉亦推動長安佛教發展。隋唐時期，佛教發展進入成熟時期，中國佛教自此形成，中國佛教八大宗派皆與長安關係密切。隋代高僧吉藏晚年居住長安，創建三論宗；隋代信行禪師在長安創立的三階教；唐時玄奘和其門徒在長安建立唯識宗；道宣於長安創建律宗；法順於長安創立華嚴宗；善無畏、金剛智於長安創建密宗；善導大師、神秀大師亦在長安地區宣揚淨土宗、禪宗。高僧大德於長安立宗建派，促成了長安佛教的大發展。同時長安地區寺院、石刻、墓誌等文獻及考古資料中保留有大量長安高僧、長安佛教的資料。由此可見，長安高僧、長安佛教在中國佛教史中的地位殊勝，長安佛教的研究，對整個中國佛教史的研究具有重大意義。

強樂在蘭大讀本科時聽我講授《考古學通論》與《宗教學概論》，常來問學，我發現該同學悟強很強，很有潛力，故也非常關心他的成長，常與他討論有關學術問題。《長安高僧錄》的編撰，即受我 20 年前出版的《隴右高僧錄》〔註1〕啟發，作者在廣泛搜集歷代高僧傳記、石刻、墓誌及相關文集等資料，輯出歷史上籍貫為長安及其周邊地區的和遊歷此地的高僧資料，作為地方文化研究的初學者，能從最基本的史料入手，是很好的入學門徑。我希望這本資料彙編能對長安佛教與文化、中國佛教史、絲綢之路的研究有所裨益。我十分高興能在此書出版之前說幾句話，聊以表達對後進學人的鼓勵！

杜斗城〔註2〕

2020 年 9 月 10 日於蘭州大學杜撰齋

〔註 1〕杜斗城：《隴右高僧錄》，蘭州：蘭州大學出版社，1993 年。

〔註 2〕杜斗城：(1951～)，甘肅靈台人，蘭州大學歷史文化學院教授，博士生導師。

目次

上冊

中　冊

下　冊

前　言

佛教自傳入中國以來，對中國社會、文化產生了重大的影響，在中國文化體系中佔有重要地位。佛教初傳中國之時，關中政局動盪，長安殘破，故伊洛成為佛教弘傳之主要地區。西晉以後關中穩定，佛教在此地區影響逐步擴大，是時高僧竺法護、帛遠在長安譯經傳教，此成為長安佛教興盛之始也。

西晉末年，五胡亂華，前趙、前秦、後秦皆建都於長安，是為長安佛教發展之重要時期。前秦君主苻堅崇信佛教，延請釋道安、曇摩難提等，是時長安高僧雲集，佛法昌盛，同時苻堅組織國家力量進行大規模的佛經翻譯，此舉皆大力推動長安佛教之發展。後秦君主姚興亦大力提倡和扶持佛教，弘始三年（公元 401 年）在攻打涼州時，迎請鳩摩羅什入長安，在此形成以鳩摩羅什為首的僧團，在中國佛教史上留下濃墨重彩的一筆，亦為長安佛教的昌盛做出重大影響。長安鳩摩羅什僧團，據湯用彤先生考證，「（甲）其原在關中者為法和、僧睿、曇影、僧略、慧精、法欽、慧斌、道恒、道標、僧導、僧苞、僧肇、曇邕、佛念、道含；（乙）原從北方來者為道融、慧嚴、曇鑒、曇無成、曇順、僧業、慧詢；（丙）原從廬山來者，有道生、慧睿、慧觀、慧安、道溫、貪翼、道敬；（丁）原從江左來者，有僧弼、曇幹；（戊）不知所從來者則有慧恭、寶度、道恢、道悰、僧遷、道流、僧嵩、僧楷、僧衛、道憑、僧因、曇晷。」〔註 1〕

南北朝時期的長安佛教雖然不能像西晉和前、後秦時代那樣成為全國的

〔註 1〕湯用彤：《漢魏兩晉南北朝佛教史》，北京：北京大學出版社，1997 年，第 207～208 頁。

佛教中心，但宏觀上來看，仍然保持著發展上升的勢頭，依然是全國佛教中心之一。在這期間，北魏太武帝的滅佛、北周武帝滅法等活動，使長安佛教深受打擊，但隨後在曲折衷，繼續發展。

隋唐是中國歷史上的封建盛世，隋唐佛教，亦是中國佛教史上的鼎盛時期。隋朝二帝皆有佞佛之風，隋文帝楊堅自小由尼姑撫養，稱帝之後大力扶持佛教，在仁壽年間三次分封舍利於天下諸州，隋文之世修建寺院四五千所，修建佛塔一百多座，所度僧尼二三十萬，可謂佛教之盛。隋煬帝也篤好佛教，他在大業元年（公元 605 年）為文帝造西禪定寺，在長安造清禪、日嚴、香臺等寺，又捨九宮為九寺，並在泰陵、莊陵二處造寺。傳稱隋煬一代所度僧尼共一萬六千二百人，又鑄刻新像三千八百五十軀，修治舊像十萬零一千軀，裝補的故經及繕寫的新經，共六百十二藏。是時那連提耶舍、闍那崛多、達摩笈多等等諸多高僧大德皆於長安譯經傳法。

唐王朝二十餘位皇帝〔註 2〕，除唐武宗李炎反佛外，其餘諸帝皆對佛教扶持利用。唐太宗即位之後，重興譯經事業，度僧三千人，並在舊戰場各地建造寺院，促進了佛教的發展。貞觀十九年（公元 645 年），玄奘從印度求法回來，朝廷為他在長安組織了大規模的譯場，同時應玄奘請求，撰寫《大唐三藏聖教序》，大力頌揚佛教。一代女皇武則天自稱轉輪王在世，全國各地廣造大雲寺，假造《大雲經》，為其政治利益而服務。唐玄宗時，高僧善無畏、金剛智、不空等人在長安大力弘揚密教，深受玄宗器重，此舉推動了當時佛教的發展達於極盛，僅佛教寺院就比唐初增加了一半。

由於隋唐諸帝對於佛教的大力扶持，使得隋唐佛教達到了中國佛教史上的鼎盛時期，同時也是中國佛教的成熟時期，湯用彤先生在《隋唐佛教史稿．緒言》中講：「隋唐佛教，承漢魏以來數百年發展之結果，五花八門，演為宗派。且理解漸精，能融會印度之學說，自立門戶，如天台宗、禪宗、蓋可謂為純粹之中國佛教也。」〔註 3〕隋代高僧吉藏在長安創建三論宗；信行禪師在長安創立的三階教；唐時玄奘和其門徒在長安建立唯識宗；道宣於長安創建律宗；法順於長安創立華嚴宗；善無畏、金剛智於長安創建密宗；善導在長安

〔註 2〕即高祖李淵、太宗李世民、高宗李治、武則天、中宗李顯、睿宗李旦、玄宗李隆基、肅宗李亨、代宗李豫、德宗李适、順宗李誦、憲宗李純、穆宗李恒、敬宗李湛、文宗李昂、武宗李炎、宣宗李忱、懿宗李漼、僖宗李儇、昭宗李曄。

〔註 3〕湯用彤：《隋唐佛教史稿．緒言》，北京：北京大學出版社，2010 年，第 2 頁。

地區宣揚淨土宗，神秀亦在此地區弘揚禪宗，中國佛教八大宗派皆與長安關係密切，可見長安佛教在中國佛教史之地位。唐朝滅亡之後，長安失去政治中心之地位，文化方面也迅速走向衰落，自此長安佛教步入沈寂，一蹶不振。

總之，對長安佛教是很值得學者研究。但現階段關於長安佛教歷史的資料散見於各種佛教史籍，查找不易，有整理的必要。古代的長安，在文化方面大概包括整個陝西省，所以參考杜斗城老師的《隴右高僧錄》之例，將長安地區的佛教人物資料全部收入。此外還有幾點需要說明：

一、本書根據歷代高僧傳記、石刻、墓誌資料及歷代文集，主要收錄元代之前歷史上籍貫為長安及其周邊地區的和遊歷此地的高僧史料，並注明所用資料版本，方便讀者查找。但因於筆者史學修養之侷限，有所疏漏，還望讀者增補。

二、為方便一般讀者閱讀，錄文一律標點，並對重要地名、歷史人物、佛教名詞做出簡注。對文中反覆出現的專用名詞，一般只在首次出現時注釋。

三、為節省篇幅，對於遊歷長安的高僧只節錄其行經長安地區的內容。

這是筆者的第一本學術資料著作，難免有所錯誤及紕漏，還望前輩學者多提寶貴意見，以助學生成長進步。

同時要非常感謝蘭州大學杜斗城老師，此書編撰即受到杜老師啟發，之後杜老師多次指導，提出了很多幫助性的建議，對此學生深表感謝！

梁曉燕、閆強樂
2020 年 7 月 12 日於蘭州大學積石堂

長安高僧錄

晉豫章山康僧淵

康僧淵，本西域人，生於長安。貌雖梵人，語實中國，容止詳正，志業弘深，誦《放光》、《道行》二《波若》，即《大小品》〔註1〕也。晉成之世，與康法暢、支敏度等俱過江。

暢亦有才思，善為往復，著《人物始義論》等。暢常執麈尾行，每值名賓，輒清談盡日。庾元規〔註2〕謂暢曰：「此麈尾何以常在。」暢曰：「廉者不取，貪者不與，故得常在也。」敏度亦聰哲有譽，著《譯經錄》，今行於世。淵雖德愈暢、度，而別以清約自處，常乞丐自資，人未之識。後因分衛之次，遇陳郡殷浩，浩始問佛經深遠之理，卻辯俗書性情之義，自晝之曛，浩不能屈，由是改觀。琅琊王茂弘以鼻高眼深戲之，淵曰：「鼻者面之山，眼者面之淵，山不高則不靈，淵不深則不清。」時人以為名答。

後於豫章〔註3〕山立寺，去邑數十里，帶江傍嶺，林竹鬱茂，名僧勝達，響附成群。以常持《心梵經》，空理幽遠，故偏加講說。尚學之徒，往還填委，後卒於寺焉。

（據《高僧傳》〔註4〕卷四《義解》）

〔註1〕即《放光般若經》、《道行般若經》。

〔註2〕即庾亮，字元規，東晉外戚、大臣，潁川鄢陵（今河南鄢陵北）人。《晉書》卷七十三有傳。

〔註3〕豫章：古代區劃名稱，楚漢之際置，治在今江西省南昌。

〔註4〕【梁】釋慧皎：《高僧傳》，湯用彤校注，湯一玄整理，北京：中華書局，1992年。

晉泰山崑崙岩竺僧朗

竺僧朗，京兆〔註5〕人也。少而遊方問道，長還關中，專當講說。嘗與數人同共赴請，行至中途，忽告同輩曰：「君等寺中衣物，似有竊者。」如言即反，果有盜焉，由其相語，故得無失。朗常蔬食布衣，志耽人外。以偽秦符健〔註6〕皇始元年〔註7〕，移卜泰山，與隱士張忠為林下之契，每共遊處。忠後為符堅所徵，行至華陰山而卒。朗乃於金輿谷崑崙山中別立精舍，猶是泰山西北之一岩也。峰岫高險，水石宏壯。朗創築房室，制窮山美，內外屋宇數十餘區，聞風而造者百有餘人，朗孜孜訓誘，勞不告倦。

秦主符堅〔註8〕欽其德素，遣使徵請，朗同辭老疾乃止，於是月月修書襯遺。堅後沙汰眾僧，乃別詔曰：「朗法師戒德冰霜，學徒清秀，崑崙一山，不在搜例。」及後，秦姚興〔註9〕亦佳歎重。燕主慕容德〔註10〕欽朗名行，假號東齊王，給以二縣租稅，朗讓王而取租稅，為興福業。晉孝武〔註11〕致書遺，魏主拓跋珪〔註12〕亦送書致物。其為時人所敬如此。此谷中舊多虎災，常執仗結群而行，及朗居之，猛獸歸伏，晨行夜往，道俗無滯，百姓諮嗟，稱善無極。故奉高〔註13〕人至今猶呼金輿谷為朗公穀也。凡有來詣朗者，人數多少，未至一日，輒以逆知。使弟子為具飲食，必如言果至，莫不歎其有預見之明矣。後卒於山中，春秋八十有五。

（據《高僧傳》卷五《義解》）

晉廬山釋曇邕

釋曇邕，姓楊〔註14〕，關中人。少仕偽秦至衛將軍，形長八尺，雄武過

〔註5〕京兆：古都西安（長安）及其附近地區的古稱。
〔註6〕符健：即十六國時期前秦景明帝符健，建立前秦。《晉書》卷一百十二有傳。
〔註7〕皇始：十六國時期前秦景明帝符健的年號，即公元351年～355年。
〔註8〕符堅：前秦世祖宣昭皇帝符堅，公元357～385年在位。《晉書》卷一百十三、卷一百十四有傳。
〔註9〕姚興：即後秦文桓帝姚興，公元394～416年在位。《晉書》卷十七、十八有傳。
〔註10〕慕容德：十六國時期南燕皇帝，鮮卑人，公元398年～405年在位。《晉書》卷一百二十七有傳。
〔註11〕即晉孝武帝司馬曜，公元372年～396年在位。《晉書》卷九有本紀。
〔註12〕拓跋珪：北魏開國皇帝，鮮卑族人，公元386年～409年在位。《魏書》卷二有本紀。
〔註13〕奉高：古縣名，治在今山東泰安。
〔註14〕原名楊邕，亦見《高僧傳》卷十二《僧富傳》。

人。太元八年〔註 15〕，從符堅南征，為晉軍所敗，還至長安，因從安公出家。安公既往，乃南投廬山，事遠公〔註 16〕為師。內外經書，多所綜涉，志尚弘法，不憚疲苦。後為遠入關，致書羅什〔註 17〕，凡為使命，十有餘年，鼓擊風流，搖動峰岫，強捍果敢，專對不辱。

京師道場僧鑒挹其德解，請還揚州，邕以遠年高，遂不果行。然遠神足高抗者其類不少，恐後不相推謝，因以小緣託擯邕出，邕奉命出山，容無怨忤，乃於山之西南營立茅宇，與弟子曇果，澄思禪門。嘗於一時，果夢見山神求受五戒，果曰：「家師在此，可往諮受。」後少時，邕見一人著單衣帽，風姿端雅，從者二十許人，請受五戒〔註 18〕。邕以果先夢，知是山神，乃為說法授戒。神襯以外國匕筋，禮拜辭別，儵忽不見。至遠臨亡之日，奔赴號踴，痛深天屬。後往荊州，卒於竹林寺。

（據《高僧傳》卷六《義解》）

晉長安釋道恒

釋道恒，藍田〔註 19〕人。年九歲戲於路，隱士張忠見而嗟曰：「此小兒有出人之相，在俗必有輔政之功，處道必能光顯佛法，恨吾老矣，不得見之。」恒少失二親，事後母以孝聞，家貧無蓄，常手自畫繢，以供瞻奉，而篤好經典，學兼消夜。至年二十，後母又亡，行喪盡禮，服畢出家。遊刃佛理，多所兼通，學該內外，才思清敏。羅什入關，即往修造，什大嘉之，及譯出眾經，並助詳定。

時恒有同學道標，亦雅有才力，當時擅名，與恒相次。秦主姚興，以恒、標二人神氣俊朗，有經國之量，乃敕偽尚書令姚顯，令敦逼恒、標罷道，助振王業。又下書恒、標等曰：「卿等皎然之操，實在可嘉，但君臨四海，治急須才，今敕尚書令顯，令奪卿等法服〔註 20〕，助翼贊時世。苟心存道味，寧係白黑。望體此懷，不以守節為辭也。」恒、標等答曰：「奉去月二十日詔，令

〔註 15〕太元：東晉孝武帝司馬曜年號，即公元 376～396 年。
〔註 16〕即釋慧遠，詳見《高僧傳》卷六。
〔註 17〕即鳩摩羅什，本書後有錄，詳見《高僧傳》卷二。
〔註 18〕五戒：佛教中最根本的戒律，是一切戒律的基礎，為一不殺生，二不偷盜，三不邪淫，四不妄語，五不飲酒。
〔註 19〕藍田：即今陝西藍田。
〔註 20〕法服：僧、道在舉行宗教儀式時所穿的法衣，如袈裟之類。

奪恒、標等法服，承命悲懷，五情失守。恒等才質闇短，染法未深，緇服之下，誓畢身命，並習佛法，不閑世事，徒廢非常之業，終無殊異之功。昔光武尚能縱嚴陵之心，魏文容管寧之操，抑至尊之高心，遂匹夫之微志。況陛下以道御物，兼弘三寶〔註 21〕，願鑒元元之情，垂曠通物之理也。」興又致書於什、略二法師曰：「別已數旬，每有傾想，漸暖比休泰耳。小虜遠舉，更無處分，正有憒然耳。頃萬事之殷，須才以理之，近詔恒、標二人，令釋羅漢〔註 22〕之服，尋大士之蹤，然道無不在，願法師等勖以喻之。」什、略等答曰：「蓋聞太上以道養民，而物自是，其復有德而治天下，是以古之明主，審違性之難御，悟任物之多因。故堯放許由於箕山，文軾干木於魏國，高祖縱四皓於終南，叔度辭蒲輪於漢嶽，蓋以適賢之性為得賢也。今恒、標等德非圓達，分在守節，少習玄化，伏膺佛道。至於敷折妙典，研究幽微，足以啟悟童稚，助化功德。願陛下施既往之恩，縱其微志也。」興後頻復下書，闔境救之，殆而得勉。恒乃歎曰：「古人有言，益我貨者損我神，生我名者殺我身。」於是竄影岩壑，畢命幽藪，蔬食味禪，緬跡人外。晉義熙十三年〔註 23〕卒於山舍，春秋七十二。

恒著《釋駁論》及《百行箴》，標作《舍利佛毗曇序》並《弔王喬文》，並行於世矣。

（據《高僧傳》卷六《義解》）

晉長安釋僧肇

釋僧肇，京兆人。家貧以傭書為業，遂因繕寫，乃歷觀經史，備盡墳籍。愛好玄微，每以莊老為心要。嘗讀《老子德章》，乃歎曰：「美則美矣，然期神冥纍之方，猶未盡善也。」後見《舊維摩經》，歡喜頂受，披尋玩味，乃言始知

〔註 21〕三寶：佛教用語。在佛教中，稱「佛、法、僧」為三寶，佛寶指圓成佛道的本師釋迦牟尼佛；法寶指佛的一切教法，包括三藏十二部經、八萬四千法門；僧寶指依佛教法如實修行、弘揚佛法、度化眾生的出家沙門。

〔註 22〕羅漢：佛教用語。阿羅漢的簡稱，梵名（Arhat）。最早是從印度傳入中國的，意譯上有三層解釋：一說可以幫人除去生活中一切煩惱；二說可以接受天地間人天供養；三說可以幫人不再受輪迴之苦，即殺賊、應供、無生，是佛陀得道弟子修證最高的果位。羅漢者皆身心六根清淨，無明煩惱已斷，已了脫生死，證入涅槃，堪受諸人天尊敬供養，於壽命未盡前，仍住世間梵行少欲，戒德清淨，隨緣教化度眾。

〔註 23〕義熙：東晉安帝司馬德宗的年號，即公元 405～418 年。

所歸矣。因此出家，學善方等〔註24〕，兼通三藏，及在冠年，而名振關輔，時競譽之徒，莫不猜其早達，或千里趍負，入關抗辯。肇既才思幽玄，又善談說，承機挫銳，曾不流滯。時京兆宿儒，及關外英彥，莫不挹其鋒辯，負氣摧衄。

後羅什至姑臧〔註25〕，肇自遠從之，什嗟賞無極。及什適長安，肇亦隨返。姚興命肇與僧睿〔註26〕等入逍遙園，助詳定經論。肇以去聖久遠，文義多雜，先舊所解，時有乖謬，及見什諮稟，所悟更多。因出《大品》〔註27〕之後，肇便著《波若無知論》，凡二千餘言，竟以呈什，什讀之稱善。乃謂肇曰：「吾解不謝子，辭當相挹。」時廬山隱士劉遺民見肇此論，乃歎曰：「不意方袍，復有平叔。」因以呈遠公，遠乃撫機歎曰：「未常有也。」因共披尋玩味，更存往復。遺民乃致書肇曰：「頃餐徽問，有懷遙仰，歲末寒嚴，體中何如，音寄壅隔，增用悒蘊。弟子沉痾草澤，常有弊瘁，願彼大眾康和，外國法師休悆不。去年夏末，見上人《波若無知論》，才運清俊，旨中沈允。推步聖文，婉然有歸，披味殷勤，不能釋手，真可謂浴心方等之淵，悟懷絕冥之肆，窮盡精巧，無所間然。但闇者難曉，猶有餘疑，今輒條之如左，願從容之暇，粗為釋之。」肇答書曰：「不面在昔，佇想用勞。得前疏並問，披尋反覆，欣若暫對，涼風戒節，頃常何如，貧道勞疾每不佳，即此大眾尋常，什師休勝。秦主道性自然，天機邁俗，城塹三寶，弘道是務。由使異典勝僧，自遠而至，靈鷲之風，萃乎茲土，領公遠舉，乃是千載之津梁。於西域還得方等新經二百餘部。什師於大寺出新至諸經，法藏淵曠，日有異聞。禪師於瓦官寺教習禪道，門徒數百，日夜匪懈，邕邕肅肅，致自欣樂。三藏法師〔註28〕於中寺出《律部》，本末精悉，若睹初制。毗婆沙〔註29〕法師於石羊寺出《舍利弗毗曇》梵本，雖未及譯，時問中事，發言新奇。貧道一生猥參嘉運，遇茲盛化，自恨不睹釋迦泥洹之集，余復何恨，但恨不得與道勝君子同斯法集耳。稱詠既深，聊復委及，然來問婉切，難為郢人。貧道思不關微，兼拙於華語，且至趣無言，言則乖旨，云云不已，竟何所辯。聊以狂言，示詶來旨也。」

〔註24〕方等：為一切大乘經教的通名。

〔註25〕姑臧：也稱「蓋臧」，即今武威涼州區，曾經作為五胡十六國中前涼、後涼的都城。

〔註26〕僧睿：東晉僧，為關中四聖之一。《高僧傳》卷六有傳。

〔註27〕即《大品般若經》的簡稱。

〔註28〕三藏法師：對精通佛教聖典中之經、律、論三藏者的尊稱。

〔註29〕毗婆沙：指對於佛典（尤其是律典或論典）的詳細解說書。

肇後又著《不真空論》、《物不遷論》等，並注《維摩》〔註 30〕及製諸經論序，並傳於世。及什之亡後，追悼永往，翹思彌厲，乃著《涅槃無名論》。其辭曰：「經稱有餘無餘涅槃〔註 31〕，涅槃秦言無為，亦名滅度。無為者，取乎虛無寂寞，妙絕於有焉。滅度者，言乎大患永滅，超度四流。斯蓋鏡象之所歸，絕稱之幽宅也，而曰有餘無餘者，蓋是出處之異號，應物之假名。余嘗試言之，夫涅槃之為道也，寂寥虛曠，不可以形名得，微妙無相，不可以有心知。超群有以幽升，量太虛而永久，隨之弗得其蹤，迎之罔眺其首，六趣不能攝其生，力負無以化其體，眇瀁惚恍，若存若往。五目莫睹其容，二聽不聞其響，窈窈冥冥，誰見誰曉。彌倫靡所不在，而獨曳於有無之表。然則言之者失其真，知之者返其愚，有之者乖其性，無之者傷其軀。所以釋迦掩室於摩竭，淨名杜口於毗耶。須菩提〔註 32〕唱無說以顯道，釋梵乃絕聽而雨花，斯皆理為神御，故口為之緘默。豈曰無辯，辯所不能言也。經曰：「真解脫者，離於言數。寂滅永安，無終無始。不晦不明，不寒不暑。湛若虛空，無名無證。」論曰：「涅槃非有，亦復非無。言語路絕，心行處滅。」尋夫經論之作也，豈虛構哉。果有其所以不有，故不可得而有，有其所以不無，故不可得而無耳。何者，本之有境，則五陰永滅，推之無鄉，則幽靈不竭。幽靈不竭，則抱一湛然，五陰永滅，則萬累都捐。萬累都捐，故與道通同。抱一湛然，故神而無功，神而無功，故至功常在。與道通同。故沖而不改，沖而不改，不可為有。至功常在，不可為無。然則有無絕於內，稱謂淪於外，視聽之所不暨，四空之所昏昧。恬兮而夷，泊焉而泰，九流於是乎交歸，眾聖於此乎冥會。斯乃希夷之境，太玄之鄉。而欲以有無題榜其方域，而語神道者，不亦邈哉。」其後十演九折，凡數千言，文多不載。

論成之後，上表於姚興曰：「肇聞天得一以清，地得一以寧，君王得一以治天下。伏惟陛下睿哲欽明，道與神會，妙契環中，理無不曉，故能遊刃萬機，

〔註 30〕即《維摩詰經》的簡稱。

〔註 31〕涅槃：涅槃，佛教用語，意義是指清涼寂靜，惱煩不現，眾苦永寂；具有不生不滅、不垢不淨、不增不減，遠離一異、生滅、常斷、俱不俱等等的中道體性意義；也即成佛。佛教認為，輪迴是一個必然過程；人死去以後，「識」會離開人體，經過一些過程以後進入另一個剛剛出生的新生命體內，該新生命體可以是人類，也可以是動物、鬼、神，只有到達涅槃的境界方可擺脫輪迴。

〔註 32〕須菩提：須菩提，又譯為須浮提、須扶提，意為善現、善吉、空生，古印度拘薩羅國舍衛城長者鳩留之子，佛陀十大弟子之一，有「解空第一」的稱號。

弘道終日，依被蒼生，垂文作範。所以域中有四大，王居一焉。涅槃之道，蓋是三乘之所歸，方等之淵府。眇茫希夷，絕視聽之域，幽致虛玄，非群情之所測。肇以微軀，猥蒙國恩，得閒居學肆，在什公門下十有餘年。雖眾經殊趣，勝致非一，涅槃一義，常為聽習先。但肇才識闇短，雖屢蒙誨喻，猶懷漠漠，為竭愚不已。亦如似有解，然未經高勝先唱，不敢自決。不幸什公去世，諮參無所，以為永恨。而陛下聖德不孤，獨與什公神契，目擊道存，決其方寸，故能振彼玄風，以啟末俗。一日遇蒙答安成侯嵩問無為宗極，頗涉涅槃無名之義。今輒作《涅槃無名論》，有十演九折，博採眾經，託證成喻，以仰述陛下無名之致，豈曰開詣神心，窮究遠當，聊以擬議玄門，班喻學徒耳。若少參聖旨，願敕存記，如其有差，伏承旨授。」興答旨殷勤，備加讚述。即敕令繕寫，班諸子侄，其為時所重如此。晉義熙十年卒於長安，春秋三十有一矣。

（據《高僧傳》卷六《義解》）

晉襄陽竺法慧

竺法慧，本關中人，方直有戒行。入嵩高山〔註 33〕，事浮圖密為師。晉康帝建元元年〔註 34〕至襄陽，止羊叔子寺。不受別請，每乞食，輒齎繩床自隨，於閒曠之路，則施之而坐。時或遇雨，以油帔自覆，雨止，唯見繩床，不知慧所在，訊問未息，慧已在床。每語弟子法照曰：「汝過去時折一雞腳，其殃尋至。」俄而照為人所擲，腳遂永疾。後語弟子云：「新野〔註 35〕有一老公當命過，吾欲度之。」仍行於畦畔之間。果見一公，將牛耕田，慧從公乞牛，公不與，慧前自捉牛鼻，公懼其異，遂以施之。慧牽牛咒願，七步而反，以牛還公，公少日而亡。

後征西庾稚恭〔註 36〕鎮襄陽，既素不奉法，聞慧有非常之跡，甚嫉之。慧預告弟子曰：「吾宿對尋至，誡勸眷屬令勤修福善。」爾後二日，果收而刑之，春秋五十八矣。臨死語眾人云：「吾死後三日，天當暴雨。」至期果洪注，城門水深一丈，居民漂沒，多有死者。

（據《高僧傳》卷十《神異》）

〔註 33〕即今嵩山，在今河南登封市北部。
〔註 34〕建元：東晉皇帝晉康帝司馬岳的年號，即公元 343～344 年。
〔註 35〕即河南新野。
〔註 36〕即庾翼，字稚恭，潁川鄢陵（今河南鄢陵）人，東晉將領、書法家。

晉江陵牛牧寺慧玉尼

慧玉，長安人也。行業勤修，經戒通備。常遊行教化，歷履邦邑，每屬機緣，不避寒暑。南至荊楚，仍住江陵牛牧精舍。誦《法華》、《首楞嚴》〔註 37〕等經，旬日通利。陝西道俗皆歸敬之。觀覽經論，未曾廢息。元嘉〔註 38〕十四年十月為苦行齋〔註 39〕七日，乃立誓言：「若誠齋有感，捨身之後，必見佛者。願於七日之內，見佛光明。」五日中宵，寺東林樹，靈光赫然。即以告眾，眾皆欣敬，加悅服焉。寺主法弘，後於光處起立禪室。

初玉在長安，於薛尚書寺見紅白色光，燭曜左右。十日小歇，後六重寺沙門。四月八日於光處得金彌勒像，高一尺云。

（據《比丘尼傳》〔註 40〕卷二》

晉永興永安院善靜

釋善靜，俗姓王氏，長安金城人也。父朗，唐威州刺史。母李氏因夢聖容照爛金色，遂爾娠焉。及生岐嶷。殆乎知學，博通群言，因掌書奏於神策軍，中尉器重之。忽厭浮幻，潛詣終南豐德寺，禮廣度禪師，時年二十七也。洎乎削染受具，天復中南遊樂普，見元安禪裔，乃融心要。北還化徒於故里，結廬於終南雲居山，道俗歸之如市。又起遊峨嵋，禮普賢銀色世界，回興元，連帥王公禮重留之，後還故鄉，已黍離矣。留守王公營永安禪院以居之。以開運〔註 41〕丙午歲冬鳴椎集僧囑累，還方丈，東向，右脅而化，俗壽八十，僧臘六十。黑白之眾若喪嚴親。明年正月八日，茶毗於城南，獲舍利數千粒。漢乾祐三年庚戌八月八日，遷塔於長安義陽鄉，石塔巋然。

初，靜率多先覺，往遊梵道，避昭宗之蒙塵。又生平洗沐，舍利隕落，皆收秘，不許弟子示人。又嘗禪寂次，窗外無何有白鶴馴狎於庭，若有聽法之意。靜令人驅斥之。凡此殊徵，有而不有。晉昌軍府主郭公歸信焉，營構禪

〔註 37〕即《妙法蓮華經》、《大佛頂如來密因修證了義諸菩薩萬行首楞嚴經》的簡稱。

〔註 38〕元嘉：南朝宋皇帝宋文帝劉義隆的年號，即公元 424～453 年。

〔註 39〕苦行齋：佛教齋戒修行法門之一。即斷除肉體欲望，堪忍諸種難忍之苦行，主要指印度諸外道為求生天而行的諸苦行。依北本《大般涅槃經》載，諸外道苦行有自餓法、投淵赴火、自墜高岩、常翹一腳……此處苦行齋大約指默坐、短期絕食等。

〔註 40〕【梁】釋寶唱撰、王孺童校注：《比丘尼傳校注》，北京：中華書局，2006 年。

〔註 41〕開運：後晉出帝石重貴的年號，即公元 944～947 年。

院，命以居之。翰林學士魚崇諒為塔銘述德焉。

（據《宋高僧傳》卷十三《習禪》）

晉鳳翔府法門寺志通

釋志通，俗姓張氏，右扶風著姓家之子也。早知遣世，克務淨門，選禮名師，登於上品，諸方講肆，遍略留心。後唐之季，兵革相尋，自此駕已東巡，薄遊洛下，遇嚩日囉三藏，行瑜伽教法，通禮事之。乃欲陟天台、羅浮，遂辭。三藏曰：「吾此求翻譯，屬中原多事。子議南征奈何路梗何。」通曰：「泛天塹其如我何。」三藏曰：「苟去吳會間，可付之梵夾，或緣會傳譯。」通曰：「已聞命矣。」以天福四年己亥歲，天王錫命於吳越，遂附海艦達浙中。時文穆王錢氏奉朝廷之故，具威儀樂部，迎通入府庭供養，於真身塔寺安置，施賚豐腆。

通請往天台山，由是登赤城，陟華頂，既而於智者道場掛錫。因《覽西方淨土靈瑞傳》，變行迴心，願生彼土，生常不背西坐。山中有招手石者，昔智顗夢其石上有僧臨海上舉手相招召之狀。顗入天台見其僧名定光，耳輪聳上過頂，亦不測之神僧也。乃相見，乃問顗曰：「還記得相招致否。」顗曰：「唯。」此石峻峙，顧下無地。通登此投身，願速生淨土。奮軀而墮一大樹中，枝軟幹柔，若有人扶接焉，殊無少損。乃再叩榼投之，落於岩下蒙茸草上，微有少傷，遲久蘇矣。眾僧謂為豺虎所啖，及見其猶殗殜然，舁就本道場。初通去不白眾，遂分人各路尋覓，至螺溪，民村有巫者言事多驗，或就問焉。神曰：「伊僧在西南方，現有金鎧神扶衛不死，我到彼神氣盡矣，固難近也。」皆符協神言。

後往越州法華山，默修淨業，將欲化去，所止房地生白色物，如傅粉焉。未幾，坐禪床而終，遷座闍維，有五色煙覆於頂上，法華川中咸聞異香焉。

（據《宋高僧傳》卷二十三《遺身》）

宋杭州真身寶塔寺紹岩

釋紹岩，俗姓劉，雍州人也。母張氏始娠，夢寤甚奇。及生也，神姿瑰偉。至長也，器度宏深。七歲苦求出家於高安禪師，十八進具於懷暉律師，凡百經書，覽同溫習。自是遊諸方聖蹟，洎入吳會，棲息天台、四明山，與德韶禪師共決疑滯於臨川益公，遂於錢塘湖水心寺掛錫。恒諷持《法華經》無晝夜，俄感陸地庭間生蓮華。舉城人瞻矚，岩亟命搴而蹂之。以建隆二年辛酉，經願雲滿，誓同藥王焚身以供養。時漢南國王錢氏篤重歸心，苦留乃止。尋潛遁，投身曹娥江，用飼魚腹。會有漁者拯之，雲有神人扶足，求溺弗可，衣敷水面，而驚濤迅激，岩如坐寶臺。然水火二緣俱為未濟，恒怏惋其懷。乃於越法華山安置。續召於杭塔寺，造上方淨院以居之。開寶四年七月有疾，不求藥石，作偈累篇示門徒，曰：「吾誦經二萬部，決以安養為期。」跏趺坐亡，享齡七十三，法臘五十五。喪事官供，荼毗於龍井山，獲舍利無算。遺骨若玉瑩然。遂收合作石函，置於影堂。大寧軍節度使贈太師孫承祐為碑紀述焉。

（據《宋高僧傳》卷二十三《遺身》）

宋京兆釋智猛

釋智猛，雍州京兆新豐〔註42〕人。稟性端明，勵行清白，少襲法服，修業專至，諷誦之聲，以夜續日。每聞外國道人說天竺國土，有釋迦遺跡，及方等眾經。常慨然有感，馳心遐外，以為萬里咫尺，千載可追也。遂以偽秦弘始六年甲辰之歲，招結同志沙門十有五人，發跡長安，渡河跨谷三十六所，至涼州城。

出自陽關〔註43〕，西入流沙，凌危履險，有過前傳。遂歷鄯鄯〔註44〕、龜茲〔註45〕、于闐〔註46〕諸國，備矚風化。從于闐西南行二千里，始登蔥嶺〔註47〕，而九人退還，猛與余伴進行千七百里，至波倫國〔註48〕。同侶竺道嵩又復無常，將欲闍毗〔註49〕，忽失尸所在。猛悲歎驚異，於是自力而前。與余四人共度雪山，渡辛頭河〔註50〕，至罽賓國〔註51〕。國有五百羅漢〔註52〕，常

〔註42〕京兆新豐：今陝西臨潼。

〔註43〕陽關：絲綢之路南路必經的關隘，位於甘肅省敦煌市西南的古董灘附近。

〔註44〕鄯鄯：西域古國名，今新疆若羌一帶。

〔註45〕龜茲：西域古國名，今新疆庫車一帶。

〔註46〕于闐：西域古王名，今新疆省和闐（和田）一帶。

〔註47〕蔥嶺：古代對今帕米爾高原及崑崙山、喀喇崑崙山西部諸山的統稱，為古代東方和西方陸路交通的要道。

〔註48〕波倫：又作缽廬勒、波路、缽雷羅、缽露、勃律、布露等，在今克什米爾西北部之巴勒提斯坦。

〔註49〕闍毗：梵文的音譯，僧人死後焚其屍體（即火葬）。

〔註50〕辛頭河：即印度河。

〔註51〕罽賓國：又作凜賓國、劫賓國、羯賓國，為漢朝時之西域國名，古代中亞的一個國家或地區名。

〔註52〕羅漢：阿羅漢的簡稱。是佛陀得道弟子修證最高的果位。

往返阿耨達池〔註 53〕，有大德羅漢，見猛至歡喜。猛諮問方土，為說四天子事，具在猛傳〔註 54〕。猛於奇沙國〔註 55〕，見佛文石唾壺，又於此國見佛缽，光色紫紺，四際盡然。猛香華供養，頂戴發願，缽若有應，能輕能重，既而轉重，力遂不堪。及下案時，復不覺重，其道心所應如此。復西南行千三百里，至迦維羅衛〔註 56〕國，見佛髮、佛牙及肉髻骨，佛影跡，炳然具存。又睹泥洹堅固之林，降魔菩提之樹，猛喜心內充，設供一日，兼以寶蓋大衣覆降魔像。其所遊踐，究觀靈變，天梯龍池之事，不可勝數。後至華氏國〔註 57〕阿育王舊都，有大智婆羅門，名羅閱家，舉族弘法，王所欽重，造純銀塔高三丈。既見猛至，乃問：「秦地有大乘學不？」猛答：「悉大乘學。」羅閱驚歎曰：「希有希有，將非菩薩往化耶。」猛於其家得《大泥洹梵》本一部，又得《僧祇律》〔註 58〕一部，及余經梵本。誓願流通，於是便反。以甲子歲發天竺，同行三伴於路無常，唯猛與曇纂俱還。於涼州〔註 59〕出《泥洹》本，得二十卷。以元嘉十四年入蜀，十六年七月造傳，記所遊歷。元嘉末，卒於成都。

余歷尋遊方沙門，記列道路，時或不同，佛缽頂骨，處亦乖爽。將知遊往天竺，非止一路。頂缽靈遷，時屆異土，故傳述見聞，難以例也。

（據《高僧傳》卷三《譯經》）

宋京師道場寺僧馥

時道場寺又有僧馥者，本澧泉〔註 60〕人，專精義學，注《勝鬘經》〔註 61〕。

（據《高僧傳》卷七《義解》之《釋慧觀傳》）

〔註 53〕阿耨達池：佛教傳說中在贍部洲之中心，香山之南，大雪山之北，有一金銀琉璃飾其岸的大池，名叫阿耨達池，實即今帕米爾高原之大龍池。

〔註 54〕此處所說「猛傳」，當指智猛「記所游離」之傳記，今不傳。

〔註 55〕張星烺《中西交通史料彙編》第六冊云：奇沙國與佉沙國最近，佉沙國見《西域記》卷一二，即今喀什噶爾也。然《西域記》不載其國有佛文石唾及佛缽，故奇沙國擬指印度境內某地也。」

〔註 56〕迦維羅衛：即伽毗羅衛國。

〔註 57〕華氏國：亦作華氏城。《大唐西域記》卷八作波吒釐子城，阿育王曾在此建都。

〔註 58〕《僧祇律》：全稱《摩訶僧祇律》，佛教戒律書。

〔註 59〕涼州：古地名，即甘肅省西北部的武威。

〔註 60〕即今陝西禮泉。

〔註 61〕《勝鬘經》：是佛教經典，屬如來藏系，全稱《勝鬘獅子吼一乘大方便方廣經》，一稱《獅子吼經》。主要記述勝鬘夫人由父母遣使授書而見佛聞法生信，稱說如來功德，立不思議十大受（十誓）、發三大願等皈依受戒經過。

宋京師道場寺法業

又有法業，本長安人，善《大、小品》及《雜心》。蔬食節己，故晉陵公主〔註 62〕為起南林寺，後遂居焉。

（據《高僧傳》卷七《義解》之《釋慧觀傳》）

宋京師彭城寺釋慧琳

淵〔註 63〕弟子慧琳，本姓劉，秦郡〔註 64〕人。善諸經及莊老，排諧好語笑，長於製作，故集有十卷。而為性傲誕，頗自矜伐。淵嘗詣傅亮〔註 65〕，琳先在坐，及淵至，琳不為致禮，淵怒之彰色，亮遂罰琳杖二十。宋世祖〔註 66〕雅重琳，引見常升獨榻，顏延之〔註 67〕每以致譏，帝輒不悅。後著《白黑論》，乖於佛理。衡陽太守何承天〔註 68〕，與琳比狎，雅相擊揚，著《達性論》。並拘滯一方，詆呵釋教。顏延之及宗炳撿駁二論，各萬餘言。琳既自毀其法，被斥交州〔註 69〕。世云淵公見麻星者，即其人也。

（據《高僧傳》卷七《義解》之《釋道淵傳》）

宋京師祇洹寺釋僧苞

釋僧苞，京兆人，少在關受學什公。宋永初〔註 70〕中游北徐，入黃山精舍〔註 71〕。復造靜定二師進業，仍於彼建三七普賢齋懺。至第七日，有白鵠飛來，集普賢座前，至中行香畢乃去。至二十一日將暮，又有黃衣四人，繞塔數匝，忽然不見。苞少有志節，加復祥感，故匪懈之情，因之彌厲。日誦萬餘言經，常禮數百拜佛。

後東下京師，正值祇洹寺發講，法徒雲聚，士庶駢席。苞既初至，人未

〔註 62〕晉陵公主：晉孝武帝司馬曜女。
〔註 63〕即釋道淵，《高僧傳》卷七有傳。
〔註 64〕秦郡：秦朝三十六郡之一，治在今陝西咸陽。
〔註 65〕傅亮：字季友，北地靈州人，晉司隸校尉傅咸玄孫。《宋書》卷四十三有傳。
〔註 66〕即南北朝劉宋孝武皇帝劉駿，公元 430～464 年在位。
〔註 67〕顏延之：字延年，南朝宋文學家。《宋書》卷七十三有傳。
〔註 68〕何承天：南朝宋大臣、著名天文學家、無神論思想家。《宋書》卷六十三有傳。
〔註 69〕交州：古地名，包括今天越南北、中部和中國廣西的一部分。
〔註 70〕永初：南朝宋皇帝宋武帝劉裕的年號，即公元 420～422 年。
〔註 71〕精舍：出家人修煉的場所。

有識者，乃乘驢往看。衣服垢弊，貌有風塵，堂內既迮，坐驢韉於戶外。高座出題適竟，苞始欲厝言，法師便問：「客僧何名？」答云：「名苞。」又問：「盡何所？」苞答曰：「高座之人，亦可苞耳。」乃致問數番，皆是先達思力所不逮，高座無以抗其辭，遂遜退而止。時王弘〔註72〕、范泰〔註73〕聞苞論議，歎其才思，請與交言。仍屈住祇洹寺，開講眾經，法化相續。陳郡謝靈運〔註74〕聞風而造焉，及見苞神氣，彌深歎伏，或問曰：「謝公何如？」苞曰：「靈運才有餘，而識不足，抑不免其身矣。」苞嘗於路行，見六劫被錄，苞為說法，勸念觀世音，群劫以臨危之際，念念懇切。俄而送吏飲酒洪醉，劫解枷得免焉。宋元嘉中卒。

（據《高僧傳》卷七《義解》）

宋淮南中寺釋曇無成

釋曇無成，姓馬，扶風〔註75〕人。家世避難，移居黃龍〔註76〕，年十三出家。履業清正，神悟絕倫，未及具戒，便精往復。聞什公在關，負笈從之。既至見什，什問：「沙彌何能遠來。」答曰：「聞道而至。」什大善之。於是經停務學，慧業愈深。姚興謂成曰：「馬季長碩學高明，素驕當世，法師故當不爾。」答曰：「以道伏心，為除此過。興甚異之，供事殷厚。姚祚將亡，關中危擾，成乃憩於淮南中寺。《涅槃》、《大品》常更互講說，受業二百餘人。與顏延之、何尚之〔註77〕共論實相，往復彌晨。成乃著《實相論》，又著《明漸論》。宋元嘉中卒，春秋六十有四。

（據《高僧傳》卷七《義解》）

〔註72〕王弘：字休元，南朝宋琅邪臨沂（今山東臨沂）人。

〔註73〕范泰：南朝宋大臣、學者，字伯倫，順陽山陰（今湖北光化西北）人，為范曄之父。著有《古今善言》、《宋書本傳》等。《宋書》卷六十有傳。

〔註74〕謝靈運：浙江會稽人，原為陳郡謝氏士族。東晉名將謝玄之孫，以襲封康樂公，稱謝康公、謝康樂。著名山水詩人，主要創作活動在劉宋時代，中國文學史上山水詩派的開創者。《宋書》六十七有傳。

〔註75〕扶風：即陝西扶風。

〔註76〕黃龍：即龍城，見《宋書．東夷高句驪國傳》及《水經．大遼水注》。十六國北燕建都於此地，南朝宋稱其為黃龍國。

〔註77〕何尚之：字彥德，南朝宋廬江灊縣（今安徽霍山）人。《宋書》卷六十六有傳。

宋壽春石澗寺釋僧導

釋僧導，京兆人。十歲出家，從師受業，師以《觀世音經》〔註 78〕授之，讀竟諮師，此經有幾卷。師欲試之，乃言止有此耳。導曰：「初云爾時無盡意，故知爾前已應有事。」師大悅之，授以《法華》一部。於是晝夜看尋，粗解文義。貧無油燭，常採薪自照。

至年十八，博讀轉多。氣幹雄勇，神機秀發，形止方雅，舉動無忤。僧叡見而奇之，問曰：「君於佛法且欲何願。」導曰：「且願為法師作都講。」叡曰：「君方當為萬人法主，豈肯對揚小師乎。」迄受具戒，識洽愈深，禪律經論，達自心抱。姚興欽其德業，友而愛焉。入寺相造，乃同輦還宮，及什公譯出經論，並參議詳定。導既素有風神，又值關中盛集，於是謀猷眾典，博採真俗，乃著《成實》、《三論義疏》及《空有二諦》論等。

後宋高祖〔註 79〕西伐長安，擒獲偽主，蕩清關內，既素籍導名，乃要與相見，謂導曰：「相望久矣，何其流滯殊俗。」答云：「明公蕩一九有，鳴鑾河洛。此時相見，不亦善乎。」高祖旋旆東歸，留子桂陽公義真鎮關中，臨別謂導曰：「兒年小留鎮，願法師時能顧懷。」義真後為西虜勃勃赫連〔註 80〕所逼，出自關南。中途擾敗，醜虜乘凶追騎將及，導率弟子數百人遏於中路，謂追騎曰：「劉公以此子見託，貧道今當以死送之，會不可得，不煩相追。」群寇駭其神氣，遂回鋒而反。義真走竄於草，會其中兵段宏，卒以獲免，蓋由導之力也。高祖感之，因令子侄內外師焉。後立寺於壽春〔註 81〕，即東山寺也，常講說經論，受業千有餘人。會虜俄滅佛法，沙門避難投之者數百，悉給衣食。其有死於虜者，皆設會行香，為之流涕哀慟。

至孝武帝〔註 82〕升位，遣使徵請，導翻然應詔，止於京師中興寺，鑾輿降蹕，躬出候迎。導以孝建之初，三綱更始，感事懷惜，悲不自勝。帝亦哽咽良久，即敕於瓦官寺開講《維摩》，帝親臨幸，公卿必集。導登高座曰：

〔註 78〕即《觀音經》，是觀音信仰中重要一部經典，經文內容即是《妙法蓮華經》〈觀世音菩薩普門品〉，由於廣受弘傳，於是另行單本流通。

〔註 79〕即劉宋武帝劉裕，南北朝時期劉宋政權開創者，公元 420～422 在位。《宋書》卷一、二、三有本紀。

〔註 80〕勃勃赫連：即赫連勃勃，字屈子，匈奴族鐵弗部，十六國時期胡夏國（又稱赫連夏）創建者，公元 407～425 年在位。《晉書》卷一百三十有傳。

〔註 81〕壽春：古地名，治今安徽壽縣壽春鎮。

〔註 82〕即南北朝時期劉宋政權宋世祖孝武皇帝劉駿，公元 453～464 年在位。《宋書》卷六有本紀。

「昔王宮託生，雙樹現滅。自爾以來，歲逾千載，淳流永謝，澆風不追。給苑丘墟，鹿園蕪穢。九十五種，以趣下為升高；三界群生，以火宅為淨國。豈知上聖流涕，大士棲惶者哉。」因潸然泫淚，四眾為之改容。又謂帝曰：「護法弘道，莫先帝王，陛下若能運四等心，矜危勸善，則此沙石瓦礫，便為自在天宮。」帝稱善久之，坐者咸悅。後辭還壽春，卒於石澗，春秋九十有六。

時有沙門僧因，亦當世名匠，與導相次。或問因云：「法師與導公孰愈。」答云：「吾與僧導同師什公，準之孔門，則導公入室，吾可升堂。」導有弟子僧威、僧音等，並善《成實》。

（據《高僧傳》卷七《義解》）

宋山陰靈嘉寺釋超進

釋超進，本姓顓頊氏〔註 83〕，長安人。篤志精勤，幼而敦學，大小諸經，並加綜採。神性和敏，戒行嚴潔。故年在未立，而振譽關中。及西虜勃勃赫連寇陷長安，人情危擾，法事罷廢。進避地東下，止於京師，更精尋文旨，開暢講說。頃之進適姑蘇〔註 84〕，復弘佛法。時平昌〔註 85〕孟顗，守在會稽〔註 86〕，借甚風猷，乃遣使迎接，安置山陰靈嘉寺。於是停止浙東，講論相續。邑野僧尼，及清信男女，並結菩薩因緣，伏膺戒範。

至宋泰始〔註 87〕中，被徵出都，講《大法鼓經》〔註 88〕。俄而旋於會稽，還紹法化。以《大涅槃》是窮理之教，每留思踟躕，累加講說。凡結齋會者，無不必請，若值他許，則為移日。後年衰腳疾，不堪外赴，並送食於房，以希冥益。進為性篤好經典，看尋苦至。及年老失明，猶使弟子唱《涅槃經》，句

〔註 83〕顓頊氏：是一個古老的部族首領，在太陽與月亮尚未出現的黑暗時代，顓頊氏早已存在，五帝中的高陽帝顓頊，乃是古顓頊氏的後裔。高陽帝顓頊乃是玄豬圖騰、鳥圖騰與龍圖騰三者的結合體，早期興起於遼東的紅山文化，後又壯大於東方，由東方逐步遷移至中原，最後在西北與共工氏決戰，而成為北方之帝，顓頊氏成為夏禹、秦、趙的先祖。

〔註 84〕姑蘇：即江蘇蘇州。

〔註 85〕即四川平昌。

〔註 86〕會稽：古地名，治在今江西南昌。

〔註 87〕泰始：南北朝時期侯景篡奪南梁政權所建年號，即公元 551～552 年。

〔註 88〕《大法鼓經》：內容記述如來常住一乘真實之理，以及一切世間樂見離車童子於佛滅後傳持正法之事。

中一遍，其耽好若此。以宋元徽〔註 89〕中卒，春秋九十有四。

（據《高僧傳》卷七《義解》）

宋山陰靈嘉寺曇機

時有曇機法師，本姓趙氏，亦長安人。值關中寇亂，避地東下，遊觀山水，至於稽邑。善《法華》、《毗曇》〔註 90〕。時世宗奉，與進相次。郡守琅琊王琨請居邑西嘉祥寺，寺本琨祖薈所創也。

（據《高僧傳》卷七《義解》之《釋超進傳》）

宋偽魏長安釋曇始

釋曇始，關中人。自出家以後，多有異跡。晉孝武大元之末，齎經律數十部，往遼東宣化，顯授三乘〔註 91〕，立以歸戒，蓋高句驪〔註 92〕聞道之始也。義熙初，復還關中，開導三輔〔註 93〕。始足白於面，雖跣涉泥水，未嘗沾涅，天下咸稱白足和上。時長安人王胡，其叔死數年，忽見形還，將胡遍遊地獄，示諸果報。胡辭還，叔謂胡曰：「既已知因果，但當奉事白足阿練。」胡遍訪眾僧，唯見始足白於面，因而事之。

晉末朔方凶奴赫連勃勃破獲關中，斬戮無數。時始亦遇害，而刀不能傷，勃勃嗟之，普赦沙門，悉皆不殺。始於是潛遁山澤，修頭陀〔註 94〕之行。後拓跋燾〔註 95〕復克長安，擅威關洛。時有博陵〔註 96〕崔皓，少習左道，猜嫉

〔註 89〕元徽：南北朝時期南朝宋後廢帝劉昱的年號，即公元 473～477 年。

〔註 90〕毗曇：是「阿毗曇」之略稱，新云「阿毗達磨」，譯曰「無比法」，新翻「對法」，是三藏中「論藏」的總名。

〔註 91〕三乘：佛教用語，即即「聲聞乘」、「緣覺乘」、「菩薩乘」，聲聞乘又名小乘，緣覺乘又名中乘、菩薩乘又名大乘。

〔註 92〕高句驪：即高句麗，公元前 37～公元 668 年，公元前一世紀至公元七世紀在我國東北地區和朝鮮半島存在的一個民族政權，與百濟，新羅合稱朝鮮三國時代。

〔註 93〕三輔：西漢時本指治理京畿地區的三位官員，後指這三位官員（京兆尹、左馮翊、右扶風）管轄的地區（轄境相當今陝西中部地區）。

〔註 94〕頭陀：又作「馱都、杜多、杜荼」，出自梵語，原意為抖擻浣洗煩惱，佛教僧侶所修的苦行。後世也用以指行腳乞食的僧人。

〔註 95〕拓跋燾：字佛狸，鮮卑族，北魏皇帝，公元 423～452 年在位。《魏書》卷四有本紀。

〔註 96〕博陵：東漢本初元年置郡，治所在博陵。西晉置國，治所在安平，相當於今

釋教。既位居偽輔，燾所仗信，乃與天師寇氏說燾以佛教無益，有傷民利，勸令廢之。燾既惑其言，以偽太平七年，遂毀滅佛法。分遣軍兵，燒掠寺舍，統內僧尼，悉令罷道。其有竄逸者，皆遣人追捕，得必梟斬。一境之內，無復沙門。始唯閉絕幽深，軍兵所不能至。

至太平之末，始知燾化時將及，以元會之日，忽杖錫到宮門。有司奏云：「有一道人足白於面，從門而入。」燾令依軍法，屢斬不傷，遽以白燾，燾大怒，自以所佩劍斫之，體無餘異，唯劍所著處有痕如佈線焉。時北園養虎於檻，燾令以始餧之，虎皆潛伏，終不敢近。試以天師近檻，虎輒鳴吼。燾始知佛化尊高，黃老所不能及。即延始上殿，頂禮足下，悔其愆失。始為說法，明辯因果。燾大生愧懼，遂感癘疾，崔寇二人，次發惡病，燾以過由於彼，於是誅翦二家，門族都盡。宣下國中，興復正教。俄而燾卒，孫濬〔註 97〕襲位，方大弘佛法，盛迄於今。始後不知所終。

（據《高僧傳》卷十《神異》）

宋偽魏平城釋玄高

釋玄高，姓魏。本名靈育，馮翊萬年〔註 98〕人也。母寇氏，本信外道。始適魏氏，首孕一女，即高之長姊。生便信佛，乃為母祈願，願門無異見，得奉大法。母以偽秦弘始三年〔註 99〕，夢見梵僧散華滿室，覺便懷胎。至四年二月八日生男。家內忽有異香，及光明照壁，迄旦乃息。母以兒生瑞兆，因名靈育。時人重之，復稱世高。年十二辭親入山，久之未許。異日有一書生寓高家宿，云欲入中常山〔註 100〕隱，父母即以高憑之。是夕咸見村人共相祖送，明旦村人盡來候高。父母云：「昨已相送，今復覓耶。」村人云：「都不知行。豈容已送。」父母方悟昨之迎送乃神人也。高初到山，便欲出家，山僧未許，云：「父母不聽，法不得度。」高於是暫還家，啟求入道，經涉兩旬，方卒先志。既背俗乖世，改名玄高。聰敏生知，學不加思。

河北安平縣、深州市、饒陽、安國等地。

〔註 97〕即北魏文成帝拓跋濬，字烏雷值勤，公元 452～465 年在位。《魏書》卷五有本紀。

〔註 98〕即今陝西大荔。

〔註 99〕弘始：或作洪始，十六國時期後秦君主文桓帝姚興的年號，即公元 399～416 年。

〔註 100〕即今河北真定。

至年十五，已為山僧說法。受戒已後，專精禪律。聞關中有浮馱跋陀禪師在石羊寺弘法，高往師之。旬日之中，妙通禪法。跋陀歎曰：「善哉佛子，乃能深悟如此。」於是卑顏推遜，不受師禮。高乃杖策西秦，隱居麥積山〔註101〕。山學百餘人，崇其義訓，稟其禪道。時有長安沙門釋曇弘，秦地高僧，隱在此山，與高相會，以同業友善。時乞佛熾槃〔註102〕跨有隴西，西接涼土。有外國禪師曇無毗，來入其國，領徒立眾，訓以禪道。然三昧〔註103〕正受，既深且妙，隴右〔註104〕之僧，稟承蓋寡。高乃欲以己率眾，即從毗受法。旬日之中，毗乃反啟其志。時河南有二僧，雖形為沙門，而權侔偽相。恣情乖律，頗忌學僧，曇無毗既西返舍夷〔註105〕。一僧乃向河南王世子曼讒構玄高，云蓄聚徒眾，將為國災。曼信讒便欲加害，其父不許，乃擯高往河北林陽堂山。山古老相傳云，是群仙所宅。

高徒眾三百，往居山舍。神情自若，禪慧彌新，忠誠冥感，多有靈異。磬既不擊而鳴，香亦自然有氣。應真仙士，往往來遊。猛獸馴伏，蝗毒除害。高學徒之中，遊刃六門者，百有餘人。有玄紹者，秦州隴西人。學究諸禪，神力自在。手指出水，供高洗漱，其水香淨，倍異於常。每得非世華香，以獻三寶。靈異如紹者，又十一人。紹後入堂術山蟬蛻而逝。

昔長安曇弘法師，遷流岷、蜀，道洽成都。河南王藉其高名，遣使迎接。弘既聞高被擯，誓欲申其清白，乃不顧棧道之難，冒險從命。既達河南，賓主儀畢，便謂王曰：「既深鑒遠識，何以信讒棄賢。貧道所以不遠數千里，正欲獻此一白。」王及太子赧然愧悔，即遣使詣高，卑辭遜謝，請高還邑。高既廣濟為懷，忘忿赴命。始欲出山，山中草木摧折，崩石塞路，高咒願曰：「吾誓志弘道，豈得滯方。」乃風息路開，漸還到國。王及臣民，近道候迎。

〔註101〕即甘肅天水麥積山。

〔註102〕《太平廣記》卷三百六十《妖怪二》載：「西秦乞佛熾盤，都長安。端門外又有井，人常宿汲亭水之下，而夜聞磕磕有聲，驚起照視，甕中如血。中有丹魚，長可三寸，而有寸光。時東羌西虜，互相攻伐，國尋滅亡。（出《異苑》）

〔註103〕三昧：佛教用語，意思是止息雜念，使心神平靜，是佛教的重要修行方法，借指事物的要領，真諦。

〔註104〕古人以西為右，故稱隴山以西為隴右。

〔註105〕文句云：「舍夷者，貴姓也，此名訛略，正云奢夷耆耶。本行經云：以住釋迦大樹蓊鬱枝條之林，是故名為奢夷耆耶，此以其處而立於姓，故國名舍夷。」

內外敬奉，崇為國師。

河南化畢，進遊涼土。沮渠蒙遜〔註106〕深相敬事，集會英賓，發高勝解。時西海有樊僧印，亦從高受學。志狹量褊，得少為足，便謂已得羅漢，頓盡禪門。高乃密以神力，令印於定中，備見十方無極世界，諸佛所說法門不同。印於一夏尋其所見，永不能盡，方知定水無底，大生愧懼。

時魏虜拓跋燾僭據平城〔註107〕，軍侵涼境，燾舅陽平王杜超，請高同還偽都。既達平城，大流禪化。偽太子拓跋晃〔註108〕，事高為師，晃一時被讒，為父所疑，乃告高曰：「空羅枉苦，何由得脫。」高令作金光明齋，七日懇懺。燾乃夢見其祖及父，皆執劍烈威，問汝何故信讒言，枉疑太子。燾驚覺，大集群臣，告以所夢。諸臣咸言，太子無過，實如皇靈降誥。燾於太子無復疑焉，蓋高誠感之力也。燾因下書曰：「朕承祖宗重光之緒，思闡洪基，恢隆萬代。武功雖昭，而文教未暢，非所以崇太平之治也。今者域內安逸，百姓富昌，宜定制度，為萬世之法。夫陰陽有往復，四時有代序。授子任賢，安全相付，所以休息疲勞，式固長久，古今不易之令典也。朕諸功臣，勤勞日久。當致仕歸第，雍容高爵，頤神養壽，論道陳謨而已。不須復親有司苦劇之職。其令皇太子副理萬機，總統百揆，更舉良賢，以備列職。擇人授任，而黜陟之。故孔子曰：後生可畏。焉知來者之不如今。」於是朝士庶民，皆稱臣於太子，上書如表，以白紙為別。

時崔皓、寇天師先得寵於燾，恐晃纂承之日，奪其威柄，乃譖云：「太子前事，實有謀心。但結高公道術，故令先帝降夢。如此物論，事蹟稍形，若不誅除，必為巨害。」燾遂納之，勃然大怒，即敕收高。高先時嘗密語弟子云：「佛法應衰，吾與崇公首當其禍乎。」於時聞者莫不慨然。時有涼州沙門釋慧崇，是偽魏尚書韓萬德之門師。既德次於高，亦被疑阻。至偽太平五年九月，高與崇公俱被幽縶。其月十五日就禍，卒於平城之東隅，春秋四十有三。是歲宋元嘉二十一年也。當爾之夕，門人莫知。是夜三更，忽見光繞高先所

〔註106〕沮渠蒙遜：十六國時期北涼的建立者，臨松盧水（今甘肅張掖）人，匈奴族，公元401～433年在位。《晉書》卷一百二十九有傳。

〔註107〕即山西平城。

〔註108〕拓跋晃：北魏太武帝拓跋燾的長子，公元432年被立為皇太子。公元451年，由於宦官宗愛陷害許多太子宮的屬官被殺，拓跋晃驚懼而死，追諡景穆太子。次年，其子文成皇帝拓跋濬即位，追尊拓跋晃為景穆皇帝，廟號恭宗。《魏書》卷四有本紀。

住處塔三匝，還入禪窟中。因聞光中有聲云：「吾已逝矣。」諸弟子方知已化，哀號痛絕。既而迎尸於城南曠野，沐浴遷殯。兼營理崇公，別在異處。一都道俗，無不嗟駭。

弟子玄暢時在雲中，去魏都六百里，旦忽見一人告雲以變，仍給六百里馬。於是揚鞭而返，晚間至都，見師已亡，悲慟斷絕。因與同學共泣曰：「法今既滅，頗復興不。如脫更興，請和上起坐。和上德匪常人，必當照之矣。」言畢，高兩眼稍開，光色還悅。體通汗出，其汗香甚。須臾起坐，謂弟子曰：「大法應化，隨緣盛衰。盛衰在跡，理恒湛然。但念汝等不久復應如我耳，唯有玄暢當得南度。汝等死後，法當更興。善自修心，無令中悔。」言已便臥而絕也。明日遷柩，欲闍維之，國制不許，於是營墳即窆。道俗悲哀，號泣望斷。

有沙門法達，為偽國僧正〔註109〕，欽高日久，未獲受業。忽聞怛化，因而哭曰：「聖人去世，當復何依。」累日不食，常呼：「高上聖人自在，何能不一現。」應聲見高飛空而至，達頂禮求哀，願見救護，高曰：「君業重難救，當可如何，自今以後依方等苦悔，當得輕受。」達曰：「脫得苦報，願見矜救。」高曰：「不忘一切，寧獨在君。」達又曰：「法師與崇公並生何處。」高曰：「吾願生惡世，救護眾生，即已還生閻浮〔註110〕。崇公常祈安養，已果心矣。」達又問：「不審法師已階何地。」高曰：「我諸弟子自有知者。」言訖奄然不見。達密訪高諸弟子，咸云是得忍菩薩。至偽太平七年，拓跋燾果毀滅佛法，悉如高言。

（據《高僧傳》卷十一《習禪》）

宋長安寒山僧亮

弟子僧亮，姓李，長安人，受業於僧周。初永昌王請僧，無敢應者，咸以言佛法初興，疑有不測之慮。亮曰：「像運寄人，正在今日。若被誅翦，自身當之；如其獲全，則道有更振之期。」又僧周加勸，於是隨使至長安。未至之

〔註109〕僧正：僧官名，十六國後秦始立，統管秦地僧尼，南朝歷代亦設，唐以後於州立僧正管理地方僧尼事務。

〔註110〕閻浮：亦稱「閻浮提」、「南閻浮提」，為須彌山四方的四洲之一。即位於南方的南贍部洲，上面生長許多南贍部樹。「閻浮」即「贍部」，樹名。後泛指人間世界。

頃，王及民人，掃灑街巷，比室候迎。王親自抂道，接足致敬。亮為陳誡禍福，訓示因果。言約理詣，和而且切。聽者悲喜，各不自勝。於是修復故寺，延請沙門。關中大法更興，亮之力也。

（據《高僧傳》卷十一《習禪》之《釋僧周傳》）

宋長安太后寺釋慧通

釋慧通，關中人。少止長安太后寺，蔬食持咒，誦《增一阿含經》〔註 111〕。初從涼州禪師慧詔諮受禪業，法門觀行，多所遊刃。常祈心安養，而欲棲神彼國。微疾，乃於禪中見一人來，形甚端嚴，語通言，良時至矣。須臾見無量壽佛〔註 112〕光相暉然。通因覺禪，具告同學所見，言訖便化。異香在房，三日乃歇，春秋五十九矣。

（據《高僧傳》卷十一《習禪》）

宋京師南澗寺釋道冏

釋道冏，姓馬，扶風人。初出家，為道懿弟子。懿病，嘗遣冏等四人，至河南霍山採鍾乳。入穴數里，跨木渡水，三人溺死，炬火又亡，冏判無濟理。冏素誦《法華》，唯憑誠此業，又存念《觀音》。有頃，見一光如螢火，追之不及，遂得出穴。於是進修禪業，節行彌新。頻作數過普賢齋，並有瑞應。或見梵僧入坐，或見騎馬人至，並未及暄涼，倏忽不見。

後與同學四人，南遊上京，觀矚風化。夜乘冰度河，中道冰破，三人沒死。冏又歸誠《觀音》，乃覺腳下如有一物自皷，復見赤光在前，乘光至岸。達都，止南澗寺，常以《般舟》〔註 113〕為業。嘗中夜入禪，忽見四人御車至房，呼令上乘。冏欻不自覺，已見身在郡後沈橋。見一人在路坐胡床，侍者數百人，見冏驚起，曰：「坐禪人耳。」彼人因謂左右曰：「向止令知處而已，何忽勞屈法師。」於是禮拜執別，令人送冏還寺。扣門良久方開，入寺見房猶

〔註 111〕《增一阿含經》：原始佛教基本經典，北傳四部阿含之一。

〔註 112〕即阿彌陀佛，又稱無量清淨佛、無量光佛、無量壽佛等；藏傳佛教稱為月巴墨佛，是佛教中西方極樂世界的教主，與觀世音菩薩、大勢至菩薩統稱為西方三聖。大乘佛教各宗多以阿彌陀佛的淨土為歸，但是淨土宗則以信願專念阿彌陀佛為其主要特色。

〔註 113〕即《般舟三昧經》，又名《佛立三昧》，是一部專門講一心念佛的經典。

閉，眾咸莫測其然。宋元嘉二十年，臨川康王義慶〔註 114〕攜往廣陵〔註 115〕，終於彼矣。

（據《高僧傳》卷十二《誦經》）

宋京師東安寺釋法恭

釋法恭，姓關，雍州人。初出家，止江陵〔註 116〕安養寺。後出京師，住東安寺。少而苦行殊倫，服布衣，餌菽麥。誦經三十餘萬言。每夜諷詠，輒有殊香異氣，入恭房者，咸共聞之。又以弊納聚蚤虱，常披以飴之。宋武、文、明〔註 117〕三帝及衡陽文王義季〔註 118〕等，並崇其德素。所獲信施，常分給貧病，未嘗私蓄。宋泰始中還西，卒於彼，春秋八十。

（據《高僧傳》卷十二《誦經》）

齊京師太昌寺釋僧宗

釋僧宗，姓嚴，本雍州馮翌〔註 119〕人。晉氏喪亂，其先四世祖移居秦郡。年九歲，為瑗公弟子，諮承慧業。晚又受道于斌、濟二法師，善《大涅槃》〔註 120〕及《勝鬘》、《維摩》等，每至講說，聽者將近千餘。妙辯不窮，應變無盡，而任性放蕩，亟越儀法。得意便行，不以為礙，守檢專節者，咸有是非之論。文惠太子〔註 121〕將欲以罪擯徒遂，通夢有感，於是改意歸焉。魏主元宏〔註 122〕遙挹風德，屢致書並請開講，齊太祖〔註 123〕不許外出，宗講《涅槃》、《維

〔註 114〕即劉義慶，南朝宋著名文學家，彭城（今江蘇徐州）人，宋宗室，武帝時襲封臨川王，官至兗州刺史、都督加開府儀同三司。《宋書》卷五十一有傳。

〔註 115〕即今江蘇揚州，魏晉南北朝時期長江北岸重要都市和軍事重鎮。

〔註 116〕江陵：古地名，即今湖北荊州。

〔註 117〕即宋武帝劉裕、宋文帝劉義隆、宋明帝劉彧。

〔註 118〕即劉義季，字不詳，彭城綏里人，劉裕第七子，文帝即位，封衡陽王，著有文集十卷。《宋書》卷六十一有傳。

〔註 119〕即今陝西鳳翔。雍州：古地名，治在今陝西鳳翔。

〔註 120〕即《涅槃經》，又稱《大本涅槃經》、《大涅槃經》。經中說佛身常住不滅，涅槃常樂我淨；宣稱「一切眾生悉有佛性」一闡提和聲聞、辟支佛均得成佛等大乘思想。為大乘佛教前期作品，約於 2～3 世紀時成書。晉宋時對中國佛學界影響很大，為涅槃學派的本據經典。

〔註 121〕即蕭長懋，是齊太祖蕭道成的兒子蕭賾的長子，未即位而死。

〔註 122〕即魏孝文帝拓跋宏，公元 471～499 年在位。《魏書》卷七有本紀。

〔註 123〕即齊太祖高皇帝蕭道成，南北朝時期蕭齊政權的創立者，公元 479～482 年

摩》、《勝鬘》等，近盈百遍。以從來信施造太昌寺以居之。建武三年〔註 124〕卒於所住，春秋五十有九。

先是北土法師曇准，聞宗特善《涅槃》，乃南遊觀聽。既南北情異，思不相參。准乃別更講說，多為北士所師。准後居湘宮寺，與同寺法身、法真並為當時匠者。

（據《高僧傳》卷八《義解》）

齊建福寺智勝尼

智勝，本姓徐，長安人也，寓居會稽，於其三世。六歲而隨王母出都，遊瓦官寺，見招提整峻，寶飾嚴華，潸然泣涕，仍祈剪落。王母問之，具述此意，謂其幼稚，而未許之也。

宋季多難，四民失業，時事紛紜，奄冉積載。年將二十，方得出家，住建福寺。獨行無倫，絕塵難範，聽受《大涅槃經》，一聞能持。後研律藏，功不再受，總持之譽，僉然改目。自製數十卷義疏，辭約而旨遠，義隱而理妙。逢涅不淄，遇磨不磷。

大明中，有一男子詭期抱梁，欲規不遜。勝剋意淵深，雅操壁立，正色告眾，眾錄付官。守戒清淨，如護明珠。時莊嚴寺曇斌法師弟子僧宗、玄趣，共直佛殿，慢藏致盜，乃失菩薩瓔珞及七寶澡罐。斌衣缽之外，室如懸磬，無以為備，憂慨輟講，閉房三日。勝宣告四部，旬月備辦，德感化行皆類此也。齊文惠帝聞風，雅相接召，每延入宮講說眾經。司徒竟陵文宣王，倍崇敬焉。勝志貞南金，心皎比雪，裁箴尼眾，實允物望，令旨仍使為寺主，闔眾愛敬，如奉嚴尊。

從定林寺僧遠法師受菩薩戒，座側常置香爐，勝乃撚香，遠止之曰：「不取火已信宿矣。」所置之香，遂氛氳流煙，咸歎其肅恭，表應若斯也。永明中，作聖僧齋，攝心祈想，忽聞空中彈指，合掌側聽。

勝居寺三十年，未嘗赴齋，會遊踐貴。勝每重閒靜處，繫念思惟，故流芳不遠。文惠帝特加供俸，日月充盈，締構房宇，闔寺崇華。勝捨衣缽，為宋、齊七帝造攝山寺石像。

在位。《南齊書》卷一、二有本紀。

〔註 124〕建武：南朝齊齊明帝蕭鸞的年號，即公元 494～498 年。

永明〔註 125〕十年寢疾，忽見金車玉宇，悉來迎接。到四月五日，告諸弟子曰：「吾今逝矣。」弟子皆泣，乃披衣出胸，胸有草書佛字，字體鮮白，色相明潤。八日正中而卒也，年六十六，葬於鍾山。文帝〔註 126〕給其湯藥，凶事所須，並宜官備也。

（據《比丘尼傳》卷三）

梁京師治城寺釋智秀

釋智秀，本姓裘，京兆人。寓居建業〔註 127〕。幼而穎悟，早有出家之心，二親愛而不許，密為求婚，將克娶日，秀乃間行避走，投蔣山靈耀寺，剃髮出家。及年滿具戒，業操逾堅，稟訪眾師，搜檢新異。於是大小兼明，數論精熟，尤善大、小《涅槃》、《淨名》、《波若》。及講筵一建，輒王侯接駕，負袠肩隨。為人神采細密，思入玄微。其文句幽隱，並見披釋。以天監〔註 128〕之初，卒於治城寺，春秋六十有三。會葬之日，黑白奔赴，街巷填闉，士庶含酸，榮哀以備。

（據《高僧傳》卷八《義解》）

梁荊州釋慧球

釋慧球，本姓馬氏，扶風郡〔註 129〕人，世為冠族。年十六出家，住荊州竹林寺，事道馨為師，稟承戒訓，履行清潔。後入湘州麓山寺，專業禪道。頃之，與同學慧度俱適京師，諮訪經典。後又之彭城〔註 130〕，從僧淵〔註 131〕受《成實論》。至年三十二，方還荊土，專當法匠。講集相繼，學侶成群，荊楚之間，終古稱最。使西夏義僧，得與京邑抗衡者，球之力也。中興元年〔註 132〕敕為荊土僧主。訓勖之功，有譽當世。天鑒三年〔註 133〕卒，春秋七

〔註 125〕永明：南朝齊武帝蕭賾的年號，即公元 483～493 年。
〔註 126〕文帝：疑為齊文惠帝之誤。
〔註 127〕即今江蘇南京。
〔註 128〕天監：南朝梁武帝蕭衍的年號，即公元 502～519 年。
〔註 129〕即陝西扶風。
〔註 130〕彭城：古地名，即今江蘇徐州。
〔註 131〕僧淵：北魏僧，詳見《高僧傳》卷八。
〔註 132〕中興：南朝齊和帝蕭寶融的年號，即公元 501～502 年。
〔註 133〕天鑒：南朝梁武帝蕭衍的年號，即公元 502～519 年。

十有四。遺命露骸松下，弟子不忍行也。

（據《高僧傳》卷八《義解》）

梁上定林寺釋慧彌

釋慧彌，姓楊氏，弘農華陰〔註 134〕人，漢太尉震〔註 135〕之後裔也。年十六出家，及具戒之後，志修遠離，乃入長安終南山。岩谷險絕，軌跡莫至，彌負錫獨前，猛虎肅兕無擾。少誦《大品》，又精修三昧，於是剪茅結宇，以為棲神之宅。時至則持缽入村，食竟則還室禪誦，如此者八年。

後聞江東有法之盛，乃觀化京師，止於鍾山定林寺，習業如先。為人溫恭沖讓，喜慍無色，戒範精明，獎化忘倦，諮賢求善，恒若未足。凡黑白造山禮拜者，皆為說法提誘，以代肴饌。爰自出家，至於衰老，葷醪鮮豢，一皆永絕，足不出戶三十餘年。曉夜習定，常誦《波若》，六時禮懺，必為眾先。以梁天監十七年閏八月十五日終於山舍，春秋七十有九，葬於寺南，立碑頌德。

（據《高僧傳》卷十二《誦經》）

梁邸山寺釋道貴尼

道貴，本姓壽，長安人也。幼清夷沖素，善研機理，志幹勤整，精苦過人。誓弘大化，葷鮮不食，濟物為懷，弊衣自足。誦《勝鬘》、《無量壽經》〔註 136〕，不捨晝夜。父母愛念，使其為道。十七出家，博覽經律，究委文理，不羨名聞，唯以習道為業。觀境入定，行坐不休。悔過發願，言辭哀懇，聽者震肅。齊竟陵文宣王蕭子良善相推敬，為造頂山寺，以聚禪眾。請貴為知事，固執不從；請為禪範，然後許之。於是結桂林下，棲寄畢世。縱復屯雲晦景，委雪埋山，端然寂坐，曾無間焉。得人信施，廣興福業，不以纖毫自潤己身。年八十六，天監十五年而卒，葬於鍾山之陽也。

（據《比丘尼傳》卷四）

〔註 134〕即陝西華陰。

〔註 135〕即楊震，字伯起，弘農華陰人，東漢名臣。《後漢書》卷八十四有傳。

〔註 136〕《無量壽經》：全稱《佛說無量壽經》，亦稱《大阿彌陀經》，是淨土宗的基本經典之一，為「淨土五經一論」中的一經，淨土宗的大部分修行方法均可在該經中找到理論依據。經中介紹阿彌陀佛（無量壽佛）所發諸大願，建立彌陀淨土接引十方世界眾生，以及彌陀淨土的大概樣貌。

西魏京師大僧統中興寺釋道臻

釋道臻，姓牛氏，長安城南人。出家清貞，不郡非類，謙虛寡交，顧唯讀經，博聞為業。諸法師於經義有所迷忘者，皆往問之。西魏文帝〔註 137〕聞而敬重，尊為師傅。遂於京師立大中興寺，尊為魏國大統。於時東西初亂，宇文太祖〔註 138〕始纂帝圖，挾魏西奔，萬途草創，僧徒相聚，綴旒而已。既位僧統，大立科條，佛法載興，誠其人矣。爾後大乘陟岵，相次而立，並由淘漸德化所流。又於昆池之南置中興寺，莊池之內外，稻田百頃，並以給之，梨棗雜果，望若雲合。及卒帝哀之廢朝，喪事所資，並歸天府，送於園南為立高墳，塋封之地一頃，今所謂統師墓是也。近貞觀中猶存古樹。

（據《續高僧傳》卷二十三《護法》）

隋終南山至相道場釋青彡淵

釋青彡淵，姓趙氏，京兆武功〔註 139〕人也。家世榮茂，冠蓋相承，厭此浮假，希聞貞素。十三出家，道務宏舉，定慧攸遠。屬周武凌法，而戒足無毀，慨佛日潛淪，擬抉目餘烈，乃剜眼奉養，用表慧燈之光華也。然幽情感通，遂果心願。暨隋文〔註 140〕重開正法，即預緇衣。而慧業遐舉，聞持莫類，自《華嚴》、《地持》、《涅槃》、《十地》，皆一聞無墜，歷耳便講，既釋眾疑，時皆歎伏。行必直視，動靜咸安，住則安禪，緣諸止觀。一缽之與百納，始習至終，常坐之與山居，報傾便止，譏疑有涉，斂足不行。尼寺市廛，由來不往，斯誠節動，後昆厲清末法，兼以是非長短，罕附胸懷，供給僧儔，身先軌物。承靈裕法師擅步東夏，乃從而問焉。居履法堂，亟經晦朔，身服粗素，摧景末筵，目不尋文，口無談義，門人以為蒙類也。初未齒之，裕居座數，觀異其器宇，而未悉其惠解，乃召入私室與論名理，而神氣霆擊，思緒鋒遊，對答如影響，身心如鐵石，裕因大嗟賞，以為吾之徒也。遂不許住堂，同居宴寢，

〔註 137〕即西魏的開國君主元寶炬，公元 535～551 年在位。《北史》卷五有本紀。

〔註 138〕即宇文泰，字黑獺（一作黑泰），代郡武川（今內蒙古武川西）人，鮮卑族，西魏王朝的實際建立者和權臣，也是北周政權的奠基者，掌權 22 年。西魏禪周後，追尊為文王，廟號太祖，武成元年（公元 559 年），追尊為文皇帝，傑出的軍事家、軍事改革家、統帥。《周書》卷一、二有本紀。

〔註 139〕即陝西武功。

〔註 140〕即隋文帝楊堅，隋朝開國皇帝，公元 581～604 年在位。《隋書》卷一、二有本紀。

論道說義，終日竟夜，兩情相得，頓寫幽深。淵謂：「理出不期，更流神府，博觀盛集，全無可師。」還返裕所具陳性慾，後整操關壤，屏跡終南，置寺結徒，分時程業，三輔令達，歸者充焉，今之至相寺是也。裕後敕召入朝，才有間隙徑投淵寺。欣暢意得，傾陰屢改，又以帝之信施，為移山路，本居迮隘，兼近川谷，將延法眾，未日經遠，裕卜西南坡阜，是稱福地。非唯山眾相續，亦使供擬無虧，淵即從焉，今之寺墌是也。

自爾迄今五十餘載，凶年或及，而寺供無絕，如裕所示，斯亦預見之明也。因疾卒於至相之本房，春秋六十有八，即大業〔註141〕七年四月八日也。初淵奉持瓦鉢，一受至終，行住隨身，未曾他洗，終前十日破為五段，因執而歎曰：「鉢吾命也，命緣已謝，五蔭散矣。」因而遘疾，此則先現滅相，後遂符焉。及正捨壽之時，鐘聲無故嘶破，三年之後更復如本，此皆德感幽顯，呈斯徵應，率如此類也。弟子法琳，夙奉遺蹤，敬崇徽緒，於散骸之地，為建佛舍利塔一所，用津靈德，立銘表志云。

（據《續高僧傳》〔註142〕卷十一《義解》）

慧重

時有慧重沙門，姓郭，雍州人。練道少年，綜尋內外，志力方梗，不憚威侮。《攝論》、《十地》，戶牖由開。勅請造塔於秦州岱嶽寺。初停公館，舍利金瓶，自然開現，放光流外，道俗咸睹，送至寺塔，將入石凾，又放光明，晃耀人目，嶽表白氣，三道下流，直向塔基，良久乃歇。又嶽神廟戶，由來封閉，舍利止至，三度自開，識者以神來敬禮故耳。後不委其終。

（據《續高僧傳》卷十《義解》之《釋僧曇傳》）

隋懷州柏尖山寺釋曇詢

釋曇詢，楊氏，弘農華陰人，後遷宅於河東郡焉。弱年樂道，久滯樊籠。年二十二，方捨俗事，遠訪岩隱，遊至白鹿山北霖落泉寺，逢曇准禪師而蒙剃髮。又經一載進受具戒。謹攝自修，宗稟心學，而專志決烈，同侶先之圓備戒律。又誦《法華》，初夏既登，還師定業。承僧稠據於蒼谷，遂往問津，稠

〔註141〕大業：隋煬帝楊廣的年號，即公元605～618年。
〔註142〕【唐】釋道宣：《續高僧傳》，《大正新修大藏經》本。

亦定山郢匠，前傳所敘。詢以聲光所被，遙相揖敬，住既異林，精融理極，思展言造，每因致隔。但為路罕人蹤，崗饒野獸，棲幽既久，性不狎廛，來往質疑，未由樵逕。直望蒼谷，以為行表，荊棘砂礫，披跨不難，岩壑幽阻，攀緣登陟，志存正觀也。故不以邪道自通，又以旁垂利道，由曲前而通滯，吾今標指雖艱，必直進以程業。用斯徵意隨境，附心不亦善乎。每云:「與其失道而幸通，寧合道不幸而窮耳。」故履踐重阻，不難塗窮。後經三夏，移住鹿土谷修禪。屬枯泉重出，麕麋繞院。故得美水馴獸，日濟道鄰。從學之徒，相慶茲瑞。時因請法暫往雲門。值徑陰霧，昏便成失道，賴山神示路，方會本途，此乃化感幽冥，神明翊衛。時有盜者來竊蔬菜，將欲出園，乃為群蜂所螫，詢聞來救，慈心將治，得全餘命。嘗有趙人遠至殷勤致禮陳雲，因病死蘇故蒙恩澤，往見閻王詰問，罪當就獄，賴有曇詢禪師，來為請命，王因放免，生來未委，訪尋方究。又山行值二虎相鬥，累時不歇，詢乃執錫分之，以身為翳，語云:「同居林藪，計無大乖，幸各分路。」虎低頭受命，便飲氣而散。屢逢熊虎交諍，事略同此。而或廓居榛梗，唯詢一蹤入鳥不亂獸見如偶。斯又陰德感物顯用成仁，何以嘉焉。每入禪定七日為期，白虎入房仍為窟宅。獨處靜院不出，十年自有禪蹤斯人罕擬。自爾化流河朔，盛闡禪門，杖策裹糧，鱗歸霧結。隋文重其德音，致誠虔敬，敕儀同三司元壽，親送璽書，兼以香供。以開皇末年，風疾忽增，卒於柏尖山寺，春秋八十五，五十夏矣。初遘疾彌留，忽有神光照燭，香風拂扇，又感異鳥，白頸赤身，繞院空飛，聲唳哀切，氣至大漸，鳥住堂基，自然狎附，不畏人物。或在房門，至於臥席，悲叫逾甚，血沸眼中。既爾往化，鳥便飛出，外空旋轉，奄然翔逝。又感猛虎繞院，悲吼兩宵，雲昏三日，天地結慘。又加山崩石墜，林摧澗塞，驚發人畜，棲遑失據，其哀感靈祥，未可殫記。後以武德五年十二月，弟子靜林、道慧方等，乃闍毗餘質建塔立碑，沙門明則為文，見於別集。

（據《續高僧傳》卷十六《習禪》）

隋京師清禪寺釋曇崇

釋曇崇，姓孟氏，咸陽人。生知正見，幼解信奉。七歲入道，博誦法言，勤注無絕，後循聽講肆，雄辯無前。乃以慧燈欲全，本資攝念，聖果將克，必固定想。因從開禪師而從依止，逮乎受戒志逾清厲，遂學僧祇十有餘遍，依而講解，聽徒三百。京輔律要此而為宗。後弊於言說，更崇前觀，額上鼻端，是所存想。山間樹下，為其居處。既而光明內發，色相外除，形木若枯，心灰猶死，偏精六行，冠達五門，開公處眾，稱為第一，遂得同學齊敬，又號為無上士也。及師亡遺囑令攝後徒，於時五眾二百餘人依崇習靜，聲馳隴塞化滿關河，尋路追風千里相屬，填門盈室坐誨門人。或初修不淨，或終學人空，念彼慈悲弘斯正則。周武皇帝特所欽承，乃下敕云：「崇禪師德行無玷，精悟獨絕，所預學徒，未聞有犯。當是尊以德義，故則眾絕形清，可為周國三藏年任陟岵寺主，即從而教導，僧尼有序響名稱焉。」每為僧職滯蹤，未許遊涉，乃假以他緣，遂蒙放免。末遺法淪蕩，便從流俗。外順王威，內持道素。又授金紫光祿等銜，並不依就。雖沉厄運，無廢利人。大象之初，皇隋肇命，法炬還照，即預百二十僧，敕住興善。尋復別敕令宰寺任，重勤辭遜，又不受之。而道冠僧群，王公戒範，昔以佛法頽毀，私願早隆。謹造一寺，用光末法，因以奏上，帝乃立九寺以副崇願，皆國家供給，終於文世。高唐公素稟行門偏所歸信，遂割宅為寺引眾居之。敕以虛靜所歸，禪徒有譽，賜額可為清禪，今之清明門內寺是也。隋氏晉王欽敬禪林，降威為寺檀越，前後送戶七十有餘，水磑及碾，上下六具，永充基業，傳利於今。天子昔所承名，今親正業。開皇之初，敕送絹一萬四千疋、布五千端、綿一千屯、綾二百疋、錦二十張、五色上米前後千石，皇后又下令送錢五十貫、氈五十領、剃刀五十具，崇福感於今願，流於後望，建浮圖一區，用酬國俸。帝聞大悅，內送舍利六粒，以同弘業。於時釋教初開，圖像全闕，崇興此塔，深會帝心。敕為追匠杜崇，令其繕績，料錢三千餘貫計，磚八十萬。帝以功業引費，恐有匱竭，又送身所著衣及皇后所服者總一千三百對，以助隨喜。開皇十一年，晉王鎮總楊越為造露盤並諸莊飾。十四年內方始成就，舉高一十一級，竦耀太虛，京邑稱最。爾後覲遺相接，眾具繁委。王又造佛堂僧院，並送五行調度，種植樹林等事，並委僧眾，監檢助成，崇既令重當朝，往還無壅，宮合之禁，門籍未安，須有所論，執錫便進。時處大內，為述淨業。文帝禮接，自稱師兒，獻后延德，又稱師女。及在於本寺則敕令載馳，問以起居，無晨不至，自所獲外利，盡施伽藍，緣身資蓄，衣缽而已。開皇十四年十月三十日遷化寺房，春秋八十矣。皇情哀慘，下敕葬焉。所須喪事，有司供給。皂白弟子五千餘人，送於終南至相寺之右，為建白塔，勒銘存今。初，崇未終七日，寺內幡竿無故自折，門外汲井忽爾便枯，眾怪其由也。及至晦夜，崇遺告曰：「吾有去處，今須付囑。」即以衣資施於三寶。及至後夜，覺有異相，就而觀之，方知氣絕，無疾而逝。形色如生，因以奏聞，莫不懷慟。

（據《續高僧傳》卷十七《習禪》）

隋西京淨住道場釋法純

釋法純，俗姓祝氏，扶風始平人也。初出家日，在於周世。備聞正教，親奉明師，意在定林，情兼拯溺。住帝京陟岵天宮二寺，往來居止，通慮為先，逢於廢教，退僧潛匿城市，內持道服，外假俗衣。皇隋之興，厥初度首，即百二十人之一也。住大興善，鞭勒形心，有逾前稔。文帝聞純懷素，請為戒師，自辭德薄，不敢聞命。帝勤注不已，遂處禁中為傳戒法，四事厚禮，不勝其供，辭還本寺，歎曰：「危身脆命，無常不久。」終日保養，何見牢固，上供難銷，遂行方等懺法。四十五年常處淨場，宗經檢失，除食便利，餘無闕廢。嘗於道場然燈，遂感燈明續焰，經於七夜不添油炷而光耀倍常，私密異之，為滅纍之嘉相也。又油甕所止在佛堂內，忽然不見，乃經再宿，還來本處，而油滿如故。每於夜靜，聞有說法教授之聲，異香尋隙，氣沖於外，就而視之，一無所見，識者以為幽祇所集故也。而謙弱成治，趣務造功，不累形骸，用清心海。至於三秋霖滯民苦者多，純乃屏除法，服微行市裏，或代人庸作，事訖私去。有與作價，反乞貧人，或見道俗衣服，破壞塵垢，皆密為洗補。跪而復處，及巾屨替藉，穢污臭處，皆縫洗鮮全，其例甚眾。或於靜時撻廁擔糞，有密見者告云，若情事欣泰，願共同作。或為僧苦役，破薪運水，或王路艱岨，躬事填治，因而勵俗，相助平坦，有來覷錫，皆慘然不樂。云：「愛賊既來，獄王潛至，打縛不久矣。」故所獲財物，並施大眾，不造經像。人問其意，雲行道者所乏耳，因以趣入也，故王公等施日盈門首，皆回與僧，而自著糞掃袈裟，內以布裙又無腰襻，以繩收束如中國法，寺僧服其行也。或有不敢受者，以為勝人，所奉稍異常徒。自敘云：「余初出家，依於山侶，晝則給供清眾，暮則聚薪自照，因而誦經得二十五卷，謂《十地》、《經論》、《金剛般若論》、《金光明》諸法無行等，並講習通利，故其所宣導皆引用斯文焉。

開皇十五年，文帝又請入內，為皇后受戒，施物出宮，隨散並盡，故貧窶之士。聞純之入內也。要必有賜，並聚集街首，待施而還。仁壽〔註143〕三

〔註143〕仁壽：隋文帝楊堅的年號，即公元601～604年。

年，遂覺不悆，閉室靜坐，而無痛所有。白衣童子手捧光明立侍於右，弟子慧進入問：「此是何人？」答曰：「第六欲天，頻來命我，但以諸天著樂，竟不許之，由妨修道故也。」常願生無佛法，處教化眾生，慎勿彰言，死後任說。至五月內，弟子為建大齋，望崇玄福，道俗湊集，並在純前，有雙鴿飛來，入純房內，在衣桁上，注目看純，雖人觸捉，都無有懼。純云：「任之勿捉，至暮方逝，及其疾甚，人有問者，必誡以法行，不久得自縱自欺。」又云：「我不覺忽乘白象也，此乃妄業耳。」何由可任，因設齋食與諸舊別，所有衣資，雜物施同行者，任取一事，用結良緣，而神志明悟，不覺余想。卒於淨住寺，春秋八十有五，即仁壽三年五月十二日也。葬於白鹿原南，鑿龕處之，外開門穴以施飛走，後更往觀，身肉皆盡，而骸骨不亂。弟子慧昂等，率諸檀越，追慕先範，乃圖其儀質，飾以丹青，見在淨住。沙門彥琮，褒美厥德為敘贊云：昂少所慈育，親供上行。為之碑文，廣陳盛事，兼以立性閒穆，識悟清爽，文藻橫被，聞於京室，著集十卷，頗共傳之。

（據《續高僧傳》卷十八《習禪》）

隋西京大禪定道場釋慧歡

釋慧歡，俗姓管氏，京兆雲陽人也。弱齡厭俗，深慕出家，迫以恒日，取拔無路。歷任僚署，頻經涼暑。年逾壯齒，方蒙本遂。三十有七，被緇在道，依清禪寺崇公諮受定法，攝心儀體，存息短長，觀覺安立，泠然祛寫。兼以志得林泉，銷形人世，損略塵欲，山學推先。嘗經行山頂，誤墮高岩，乃石上端居，不忘禪念，其感靈如此。逮隋文晏駕，建大伽藍，以歡志德潛被，召而供養。大業六年二月卒大禪定道場，春秋六十有九，遺令施形寒林之下，弟子等敢從德義，送於終南梗梓谷中。率諸道俗，立銘樹塔矣。

（據《續高僧傳》卷十八《習禪》）

隋終南山神田道場釋僧照

釋僧照，京兆人，不詳氏族。幼年入道，師於靜藹，遊履盛化，每居幽隱，頻感徵異。乃高恒度恐致驚俗，故罕聞之。俗遭周滅法，不偶塵囂，獨處秦嶺高步松苑，顧影與心，相娛自得，乃曰：「吾今居此安泰，寧有樂過斯者乎。」彼城邑遺僧，波波順俗，用斯優給，一何傾附。及隋初弘教，遂於鄠縣南山田谷，立神田寺，養徒縱業，名振渭川，道俗崇仰，立信彌積。逮文帝末紀，棲隱岐山，以照道德遠聞，意延相見，令左僕射楊素就宣敕旨，躬迎謁見，照預知之，告侍人曰：「當有貴客來至，可辦諸食。」明日果達山寺，素威英自若，勇悍無前。及到照之住籬，不覺愜然喪膽，下乘將進，欲步不前，乃通信達照。照端拱如初，命素前進，而通身沐汗，情智失守，才得傳詔。余無唇言，久時少解，乃以情告照曰：「山林幽靜，計無非異，檀越善意相尋，理無虛結，食訖辭退。」照曰：「蒙天子憂及遠延仁壽，但道在幽通，未假面奉。」又以老疾相繼，接對莫因，素具事聞，述其情懼。帝曰：「戒神之威也，以卿雄武故致斯憚耳。」乃重敕素齎香油，再申景仰下詔曰：「禪師德居物議，道映遂初，躬處岩阿，養素崇業，朕甚嘉焉。」今送供奉，用展翹敬，素以前虛仰景行重謁山門，卑處身心方陳對晤，為說正教，深副本懷，乃欲捨其金帛開廣寺塔。照曰：「岩泉林野，即可勵心。」塔寺禪坊，莊嚴城邑，凡所送者一不受之，又請受戒法。照以戒行輕毀，沉渾難清，乃為說慈悲仁育，陳理喻遣，竟不授戒，斯亦體達機候之明匠矣。以大業七年終於山寺，春秋八十有三。初照一受具後，儀奉憲章。六十餘夏，三衣不改，雖重補緝，而受持無離，惟自將奉而侍者莫沾，或有接持舉者，而重若太山，初無離席，及照之捧接，輕若鴻毛，因事以詳，斯亦大德之清風矣。

（據《續高僧傳》卷十八《習禪》）

隋京師大興善寺釋靈藏

釋靈藏，俗姓王氏，雍州新豐人也。年未登學，志慕情遠，依隨和上穎律師而出家焉。藏承遵出要，善達持犯，《僧祇》一部，世稱冠冕，於《智度論》〔註 144〕，講解無遺，妙尚沖虛，兼崇綱務。時屬周初，佛法全盛。國家年別，大度僧尼，以藏識解淹明，銓品行業，若講若誦，卷部眾多，隨有文義，莫不周鏡，時共測量。通經了意，最為第一。藏之本師素鍾華望，為太祖隋公所重，道義斯洽，得喪相符。藏與高祖，布衣知友，情欸綢狎。及龍飛茲始，彌結深衷，禮讓崇敦，光價朝宰。移都南阜，任選形勝而置國寺。藏以朝宰惟重，佛法攸憑，乃擇京都中會路均近遠，於遵善坊天衢之左而置寺焉，今之大興善是也。自斯已後，中使重沓，禮遇轉隆，厚味嘉肴，

〔註 144〕即《大智度論》，簡稱《智度論》、《智論》、《大論》，亦稱《摩訶般若波羅蜜經釋論》、《摩訶般若釋論》、《大智度經論》、《大慧度經集要》，古印度佛教大德龍樹菩薩（約三世紀）撰，是大乘佛教中觀派重要論著。

密輿封送。王人繼至，接軫相趨。又敕左右僕射兩日一參，坐以鎮之，與語而退。時教網初張，名德雲構，皆陳聲望，莫與爭雄。宮闈嚴衛，來往難阻。帝卒須見，頻闕朝謁，乃敕諸門不須安籍，任藏往返，及處內禁與帝等倫。坐必同榻，行必同輿，經綸國務，雅會天鑒，有時住宿，即邇寢殿。褫錫之費，蓋無競矣。

開皇四年，關輔亢旱，帝引民眾就給洛州，敕藏同行，共通聖化。既達所在，歸投極多，帝聞之告曰：「弟子是俗人天子，律師為道人天子，有樂離俗者，任師度之。」遂依而度，前後數萬，晚以事聞，帝大悅曰：「律師度人為善，弟子禁人為惡。」言雖有異，意則不殊，至於隋運譯經，勝緣貴集。身先眾範，言會時望。未知寺任，綱正有聲。開皇六年卒於所住，春秋六十有八，葬於南郊。

（據《續高僧傳》卷二十一《明律》）

隋京師雲花寺釋僧猛

釋僧猛，俗姓段氏，京兆涇陽〔註 145〕人。姿蔭都雅，神情俊拔，竟孺出家，素知希奉。聰慧利根，幽思通遠。數十年間，躬事講說，凡有解悟，靡不通練。昔魏文西位，敕猛在右寢殿闡揚《般若》，貴宰咸仰，味其道訓。周明嗣歷，詔下屈住天宮永弘《十地》〔註 146〕，又敕於紫極、文昌二殿，更互說法。當時旨延問對，酬答無窮，黃巾之徒，紛然構聚。猛乃徐搖談柄，引敵深渦，方就邪宗，一一窮破，故使三生四見之語並屈當時，元始真文之經紛碎。曩日天師徒侶，瓦解乖張，道俗肅然，更新耳目。初，帝始齊三教，猛分為九十五門，後退一乘，更進三十有生之善。詞甚崇粹，學觀所歸。既不預帝覽，遂淪俗侶。猛退屏人事，幽棲待旦，隨文作相，佛日將明。以猛年德俱重，玄儒湊集，追訪至京，令崇法宇。於大象二年，敕住大興善寺，講揚《十地》，寺即前陟岵寺也。聲望尤著，殊悅天心，尋振為隋國大統三藏法師。委以佛法，令其弘護，未足以長威權，固亦光輝釋種。移都南頓寺，亦同遷於遵善裏，今之興善是也。名雖居隸，而恒住雲花，勖徒課業。以開皇八年四月四日卒於住寺，春秋八十有二。初將大漸，深照苦空，話言盈耳，翕然欲絕，語眾

〔註 145〕即陝西涇陽。

〔註 146〕即《十地經論》，略稱《十地論》，世親造，內容是解釋《華嚴經》〈十地品〉的經義。

曰：「吾其去也。」遂即神遷。時貴其置心不亂，葬於城東馬頭穴，刻石立銘於雲花寺，今猶存矣。

（據《續高僧傳》卷二十三《護法》）

隋京師大興善寺釋慧重

釋慧重，姓郭，雍州人。志幹威稜，不怯邪障，鬼神林屋，聞有棲止，無往不降，淨持戒地，明解攝論。履遊名教，清迥不群。住大興善。博綜機要，榮達敘顧，辯章言令，寫送有法。仁壽置塔，敕召送舍利於泰山之岱嶽寺。初至放光，乃至入塔，相續流照，嶽上白氣，三道下流，至於基所，嶽神廟門，無故自開，如是者三，識者以為神靈歸敬故也。四年建塔，又送於隆州〔註147〕禪寂寺。初至設齋，忽有野鹿從南山下度嘉陵江直趣塔所，人以手摩，自然依附。乃至下訖，其鹿方去。夜放大光在佛堂上，焰高數丈，青赤流集，眾人同見，三日打剎，合州喜捨，紫雲覆塔，雨金銀花，遍於城邑，其收得者，乃有五色相鏤。又獲舍利五枚於天花上，浮泛旋轉，合散隨心。州內修梵寺先為文帝造塔，有一分舍利欲與今塔同日下基，其夜兩塔雙放光明，朗照幽顯，至曉方滅，同睹此瑞，無數千人。將下之晨，又雨銀花，變轉非一。重還京室，改革前度，專修禪悔，晝夜十有二時，禮五十三佛，餘則加坐正念，畢世終業。

（據《續高僧傳》卷二十六《感通》）

隋京師沙門寺釋法顯

釋法顯，雍州扶風人，厥姓甯氏。生平志尚，禪寂為宗，文字紙筆，性不遊履，沉默寡欲，不為世累。其師法開，定門幽秘，殆是不測。元魏之末，住京兆王寺，與實禪師齊駕朝野，兼以簡約清素，華貴傾屬，顯遇斯明匠，承奉累年，傳習師宗，頗接微緒，住日嚴寺。仁壽末歲，置塔隴州〔註148〕，下敕令送。顯發自帝京，奉輿至彼藥王寺內。然寺去州一十餘里，褊狹邪仄，殊非形望，乃移近州北三王山下，背崖臨水，高勝博敞，仍構大塔，放大光明，闔境同觀，欣其罪滅。顯因其所利，即而利之，廣說法要，傾其心惱，當斯一會，榮歎成誼。晚還入京，聚徒綜業，每年歲首，受具者多。顯為開發戒緣，

〔註147〕隆州：古地名，即今四川閬中一帶。
〔註148〕隴州：古地名，即今甘肅隴縣一帶。

鼓行壇儀，引聚清眾，即而惠之。後終時也，將八十矣。

（據《續高僧傳》卷二十六《感通》）

隋京師延興寺釋慧誕

釋慧誕，雍州人。學究《涅槃》，及通《攝論》，每登講席，有名京室，即曇延法師之學士也，住延興寺。仁壽下敕召起塔於杭州天竺寺，住在靈隱山，林石岑竦，實來仙聖。初構塔基，多逢伏石，掘得一所，是古石函，傍推其際，眇不可測，因用今造置古函中，大小和可，宛如昔契。誕還本寺，講授尋常，雖非卓犖，亦例能色。貞觀初年卒於本寺，七十餘矣。臨終清言安話，神色無異，顧諸法屬，深累住持，通告好住，怗然神逝。

（據《續高僧傳》卷二十六《感通》）

隋京師弘善寺釋智教

釋智教，雍州人。習誦眾經，意存禪觀，晝則尋讀，夜便坐默，蕭散無為，不存世累，住弘善寺，閒居綜業。仁壽中年，起塔秦州之永寧寺，下敕令送。既至塔所，夜逢布薩，異香如霧，屯結入門，合眾同怪，欣所聞見。又於塔上剎柱之前，見大人跡長尺二寸，蹈深二分，十指螺文，圓相周備，推無蹤緒，蓋神瑞也。又降異雲屯聚塔上，又雨天花，狀如金寶。又聞空中讚歎佛聲，官民道俗，相慶騰踊。教還本寺，綜業終年。

（據《續高僧傳》卷二十六《感通》）

隋京師真寂寺釋曇遂

釋曇遂，雍州人。初學《大論》，後味《唯識》，研精《攝論》，選其幽理，每言三界虛妄，但是一心追求外境，未悟難息，故得名稱高遠，有通美焉。然復慎守根門，勤修戒檢，住真寂寺，掩關勵業。仁壽中年，下敕送舍利於晉州法吼寺。初停公館，放大光明，照精舍門朗如金色，又放黃白二光，從道場出，久久乃滅。又從舍利輿所，至於塔基，而放瑞光，三道虹飛，色如朝霞，耿然空望，下塔之內，又放光明，隱顯時現，大都為言，七日之內，瑞靈雜沓，相仍不絕。還京服業。迄於唐運，八十餘卒矣。

（據《續高僧傳》卷二十六《感通》）

隋終南山沙門釋普濟

釋普濟，雍州北山互人。初，出家依止圓禪師，儀軌行法，獨處林野，不宿人世，跏坐修禪，至於沒齒，棲遲荒險，不避豺虎。雖遊浪物表，而手不釋卷，嘗讀《華嚴》，依而結業，自佛法淪廢，便投太白諸山。行不裹糧，依時噉草，咀嚼咽飲，都不為患，願像教一興，捨身供養；修普賢行，生賢首國。開皇之始，大闡法門，思願既滿，即事捐捨，引眾集於炭谷之西崖，廣發弘誓，自投而殞，遠方填赴，充於岩谷，為建白塔於高峰焉。近貞觀初，有山居沙門普濟者，立操標勇，貞專自固，恒遊名山，習誦經典，《大品》、《法華》，偏所通利，其所造集，多誦兩經，仍隨文句，時重解釋，聲氣所及，周於一里，故使數萬眾中無不聞者，以武德十八年西入關壤。時經邑落，還居林靜。貞觀度僧，時以濟無貫，擢預公籍，住京師光明寺，眾聚山結，樂聞經旨。濟弊斯諠擾，遂遺名逃隱，不測所之。有說：今在終南幽岩獨坐，傍饒山果，須者負還，重更追尋，便失來徑。余曾同聚，目悅斯人，衣則百結相連，缽則才充受用，汲灌瓦瓶，麻繩繫頸，坐則籍草，脅無著地，驍悍果敢，睡蓋莫欺，節約儉退，利賊潛跡，言論所指，知足為先，談授正義，如行為最，所以一坐說法，施積如山，曾無顧涉，任委監護。乃重惟曰：「城邑所屬，五欲為根，餘力既微，無宜自陷，遂逃遁矣。」

（據《續高僧傳》卷二十七《遺身》）

隋京師郊南逸僧釋普安

釋普安，姓郭氏，京兆涇陽人。小年依圓禪師出家，苦節頭陀，捐削世務。而性在和忍，不喜怨酷，或代執勞役，受諸勤苦，情甘如薺，恐其事盡。晚投藹法師，通明三藏，常業《華嚴》，讀誦禪思，準為標擬。周氏滅法，棲隱於終南山之楩梓谷西坡，深林自庇，廓居世表，潔操泉石，連蹤由甫。又引靜淵法師同止林野，披釋幽奧，資承玄理，加以遵修苦行，亡身為物，或露形草莽，施諸蚊虻，流血被身，初無懷憚。或委臥亂屍，用施豺虎，望存生捨，以祈本志，而虎豹雖來，皆嗅而不食。常懷介介，不副情願，孤踐狩蹤，冀逢食噉。於時天地既閉，像教斯蒙，國令嚴重，不許逃難，京邑名德三十餘僧，避地終南，投骸未委，安乃總召詳集，洲渚其心，幽密安處，自居顯露，身行乞索，不懼嚴誅，故得衣食俱豐，修業無廢。亂世知士，安其在歟。時有重募捉獲一僧賞物十段，有人應募來欲執安，即慰喻曰：「觀卿貧煎，當欲相給，為設食已，俱共入京。」帝語此人曰：「我國法急，不許道人民間，爾復助急，不許道人山中，若爾遣他，何處得活，宜放入山，不須檢校。」又周臣柳白澤者，奉敕傍山搜括逃僧，有黨告云：「此梗梓谷內有普安道人。」因遣追取，即與俱至，澤語黨曰：「我不得見，宜即放還。」於是釋然復歸所止，前後遭難，曾無私隱，皆見解勉，例如此也。時藹法師避難在義谷杜映世家，掘窯藏之，安被放還，因過禮覲，藹曰：「安公明解佛法，頗未寬多，而神志絕倫，不避強禦，蓋難及也。」安曰：「今蒙脫難，乃惟《華嚴》力耳，凡所祈誠，莫不斯賴。」因請藹還山，親自經理，四遠承風，投造非一，藹乃與安更開其所住，俱如別傳。

隋文創歷，佛教大興，廣募遺僧，依舊安置。時梗梓一谷三十餘僧，應詔出家，並住官寺，惟安欣茲重複，不為名馳，依本山居，守素林壑。時行村聚惠益生，靈終煙霞，不接浮俗。末有人於子午、虎林兩谷合澗之側，鑿龕結庵，延而住之。初止龕日，上有大石正當其上，恐落掘出，逐峻崩下，安自念曰：「願移餘處，莫碎龕窟。」石遂依言，迸避餘所，大眾共怪，安曰：「《華嚴》力也，未足異之。」又龕東石壁澗左，有索頭陀者，川鄉巨害，縱橫非一，陰嫉安德，恒思誅殄，與伴三人，持弓挾刃，攘臂挽弓，將欲放箭，箭不離弦，手張不息，怒眼舌噤，立住經宿，聲相通振，遠近雲會，鄉人稽首，歸誠請救，安曰：「素了不知，豈非《華嚴》力也，若欲除免，但令懺悔。」如語教之，方蒙解脫。又龕西魏村張暉者，夙興惡念，以盜為業，夜往安所，私取佛油，甕受五斗，背負而出，既至院門，迷昏失性，若有所縛，不能動轉，眷屬鄉村，同來為謝，安曰：「余不知，蓋《華嚴》力乎。」語令懺悔，扶取油甕，如語得脫。又龕南張卿者，來盜安錢，袖中持去，既達家內，寫而不出，口噤無言，卿尋歸懺，複道而返。有程郭村程暉和者，頗懷信向，恒來安所，聽受法要，因患身死，已經兩宿，纏屍於地，伺欲棺殮，安時先往鄠縣，返還在道，行達西南之德行寺，東去暉村五里，遙喚程暉和何為不見迎耶，連喚不已，田人告曰：「和久死矣，無由迎也。」安曰：「斯乃浪語，吾不信也。」尋至其村，厲聲大喚，和遂動身，旁親乃割所纏繩，令斷，安入其庭，又大喚之，和即窟起，匍匐就安，令屏除棺器，覆一笤箵，以當佛坐，令和繞旋，尋服如故，更壽二十許歲，後遇重病，來投乞救，安曰：「放爾游蕩，非吾知也。」便遂命終。時安風聲搖逸，道俗榮荷，其例眾也，皆來請謁，興建福會，多有通感，略述一兩。昆明池北白村老母者，病臥床枕，失音百日，指撝男女，思見安形，會其母意，請來至宅，病母既見，不覺下迎，言問起居，奄同常日，遂失病所在，於時聲名更振。村聚齊集，各率音樂，巡家告令，欲設大齋。大萬村中田遺生者，家途壁立，而有四女，妻著弊布，齊膝而已，四女赤露，迥無條線。大女名華嚴，年已二十，惟有粗布二尺，擬充布施。安引村眾次至其門，愍斯貧苦，遂度不入，大女思念，由我貧煎，不及福會，今又不修，當來倍此，周遍求物，闃爾無從，仰面悲號，遂見屋甍，一把亂床，用塞明孔，挽取抖捒，得穀十餘，挼以成米，並將前布擬用隨喜，身既無衣，待至夜暗，匍匐而行，趣齋供所，以前施物遙擲眾中，十餘粒米別奉炊飯，因發願曰：「女人窮業，久自種得，竭貧行施，用希來報。」輒以十餘黃米投飯甑中，必若至誠，貧業盡者，當願所炊之飯，變成黃色，如無所感，命也奈何，作此誓已，掩淚而返。於是甑中五石米飯，並成黃色，大眾驚嗟，未知所以。周尋緣構，乃雲田遺生女之願也。齋會齊率，獲粟十斛，尋用濟之。安辦法衣，仍度華嚴，送入京寺。爾後聲名重振，弘悟難述。安居處雖隱，每行慈救，年常二社，血祀者多，周行救贖，勸修法義，不殺生邑，其數不少。嘗於龕側村中，縛豬三頭，將加烹宰，安聞往贖，社人恐不得殺，增長索錢十千，安曰：「貧道見有三千，已加本價十倍，可以相與眾各不同，更相忿競。」忽有小兒，羊皮裹腹，來至社會，助安贖豬，既見諍競，因從乞酒，行飲行舞，焜煌旋轉，合社老少，眼並失明，須臾自隱，不知所在，安即引刀自割髀肉曰：「此彼肉耳，豬食糞穢，爾尚噉之，況人食米，理是貴也。」社人聞見，一時同放，豬既得脫，繞安三匝，以鼻㧊觸，若有愛敬，故使郊之南西五十里內雞豬絕嗣，乃至於今，其感發慈善皆此類也。性多誠信，樂讀《華嚴》，一缽三衣，累紀彌勵。開皇八年，頻敕入京，為皇儲門師長公主營建靜法，復延住寺，名雖帝宇，常寢岩阿。以大業五年十一月五日，終於靜法禪院，春秋八十。遺骸於終南起塔，在至相寺之側矣。

（據《續高僧傳》卷二十七《遺身》）

隋京師日嚴道場釋慧常

釋慧常，京兆人。以梵唄之工住日嚴寺。尤能卻囀，哢響飛揚，長引滔滔，清流不竭，然其聲發喉中，脣口不動，與人並立，推檢莫知，自非素識，方明其作。時隋文興法，煬帝倍隆，四海輻湊，同歸帝室。至於梵導贊敘，各重家風，聞常一梵，颯然傾耳，皆推心喪膽，如饑渴焉。僉曰：「若此聲梵，有心聞之，何得不善也。」眾雖效學，風骨時參，至於用與牽挽，皆不及矣。晚入東都，梟感作亂，齋梵總任，咸共委常。及平殄後，復還關壤，時有僭帝曰：「逆賊建福，言涉國家，並可收之。」因即募覓，常被固送，行次莎柵，逃賊留曰：「往必被戮，可於此止。」常曰：「債負久作，終須償了。」遂至東都，果如言焉，年四十餘矣。

時京師興善有道英神爽者，亦以聲梵馳名，道英喉顙偉壯，詞氣雄遠，大眾一聚，其數萬餘，聲調稜稜，高超眾外。興善大殿，鋪基十畝，欞扇高大，非卒搖鼓，及英引眾繞旋，行次窗門，聲聒衝擊，皆為動振。神爽唱梵，彌工長引，遊轉聯綿，周流內外，臨機賒捉，愜洽眾心。貞觀年中，豫州治下照機寺曇寶禪師者，斷穀練形，戒行無點，年六十許，常講觀音，導引士俗，而聲調超挺，特異人倫。寺有塔基，至於靜夜於上贊禮，聲響飛沖，周三十里，四遠所聞，無不驚仰。

（據《續高僧傳》卷三十《雜科聲德》）

唐京師慈門寺釋普曠

釋普曠，俗姓樊氏，扶風郿人〔註 149〕也。七歲出家，依止圓禪師而為沙彌，居山餌柏，一十五載。誦讀經教，日夕相連，及進大戒，便行頭陀，乞食人間，棲投林冢，二十餘載。剛梗嚴毅，卓犖不群，言議酬捷，孤然天挺。後遊聚落，採拾遺文，因過講席，聽其餘論，素未開解，聞即憲章，便構心曲，陳論高座，發言新奇，卒難解釋，皆歎其俊銳，莫肯前驅。每與周武對揚三寶，析理開神，有聲朝典，佛法正隆，未勞聽解。遂往樊川，頭陀自靜，夜宿寒林，人有索其首者，曠引刀將刎，乞者止之，又從索耳便刵而惠之。

建德〔註 150〕之年，將壞二教，關中五眾，騷擾不安。曠聞之躬往帝庭，廣陳至理，不納其言，退而私業。於斯時也，寺塔湮廢，投命莫從，遠造則力竭難通，近從則心輕易徙。遂因其俗位，消息其中。武帝雖滅二教，意存李術，便更置通道觀，學士三百人，並選佛道兩宗奇才俊邁者充之，曠理義精通，時共僉舉，任居學正，剖斷時秀，為諸生先。不久廢觀，聽士隨才賦任，曠力怯躬耕，餱粒無委，寄祿登庸，復任岐山從事，奉遵舊約，不黷情染衣。故氈裝倨傲，臨官剃髮留鬚，頭戴紗帽纓，其咽頷，用為常軌，有事判約，筆

〔註 149〕即陝西眉縣。

〔註 150〕建德：北周武帝宇文邕的年號，即公元 572～578 年。

斷如流，務涉繁擁者，便云我本道人，不閒俗網，周國上下，咸委其儀度也。顧曠通博任，其處世，隋氏將興，菩薩僧立，相如朝服，不同剃剪，員置百二十人，並括前法牙角，不涅塵俗者。曠識悟聞達，當其一焉。尋復廢之，大法昌顯，並預出家同居興善。果敢雄敏，眾所先之。隋文以通道觀鍾，賜玄都觀，黃巾一族，同共移來，將達前所。曠率其法屬，徑往爭之，立理既平，便又刵耳，道士望風，索然自散。乃懸於國寺，聲震百里。隋高晏駕，禪定鬱興，乃召居之。大業末年，又登綱任。大唐啟運，別奉詔書，囊積芳猷，日別相見。武德〔註 151〕三年三月卒於慈門寺，春秋七十三。遺告捨身山路不須塋壟，弟子捃萃余骨，起塔於終南龍池之峰，樹銘旌德，於今存焉。

（據《續高僧傳》卷十一《義解》）

唐京師普光寺釋曇藏

釋曇藏，姓楊氏，弘農華陰〔註 152〕人。家世望門，清心自遠。年十五，占者謂為壽短，二親哀之，即為姻媾，既本非情，慮有推逼，遂逃亡山澤。惟念誰度，行至外野，少非遊踐，莫知投告，但念觀音。久值一人貌黑而驅二牛，因問所從可得宿不，便告藏曰：「西行有寺，不遠當至。」尋聞鐘聲，忽見僧寺，因求剃落，便遂本心，即遣出門，可行百步，回望不見，久乃天明。西奔隴上，求法為務，晚還京邑，於旌善寺行道受戒，聽諸經律，意有所昧。又往山東，彼岸諸師競留對講，《地持》、《十地》名稱普聞，故東漸海濱，南窮淮服，聽涉之最，無與為儔。及返京師住光明寺，詮發新異，擅聲日下。獻后既崩，召入禪定，性度弘裕，風範肅成，故使道俗推崇，綱維領袖，恒為接對之役也。賓客席上之美，談敘曠世之能，見之今矣。大唐御世，造寺會昌。又召以為上座，撫接長幼，殊有奇功。貞觀譯經，又召為證義。時以藏威烈氣遠，容止清肅，可為興善寺主。藏深懷禮讓，用開賢路，乃薦藍田化感寺閏法師焉。即依其言舉稱斯目，及皇儲失御，便召入宮，受菩薩戒〔註 153〕，翌日便瘳，敕賜絹數百段，衣對亦爾，度人三千，並造普光寺焉。尋又下敕，得遙

〔註 151〕武德：唐高祖李淵的年號，即公元 618～626 年。

〔註 152〕即陝西華陰。

〔註 153〕菩薩戒：大乘菩薩所受持之戒律，又作大乘戒、佛性戒、方等戒、千佛大戒；反之，小乘聲聞所受持之戒律，稱小乘聲聞戒。菩薩戒之內容為三聚淨戒，即攝律儀戒、攝善法戒、饒益有情戒等三項，亦即聚集了持律儀、修善法、度眾生等三大門之一切佛法，作為禁戒以持守之。

受戒不，藏曰：「《地持論》云：若無戒師，發弘誓願，得菩薩戒，因進論文。」敕乃以懺詞令藏披讀，至皇后示疾，又請入宮，素患腰腳，敕令輿至寢殿受戒，施物極多，並充功德。至貞觀〔註 154〕九年三月十八日終於會昌寺，春秋六十有九。哀動兩宮，弔贈相次。詔葬郊西嚴村，起塔圖形，東宮詹事黎陽公于志寧〔註 155〕為碑文，見於塔所。

（據《續高僧傳》卷十三《義解》）

唐京師大莊嚴寺釋神迥

釋神迥，姓田氏，馮翊臨晉〔註 156〕人。弱齡挺悟，辭恩出俗，遠懷匠碩，備歷艱虞，問道海西，包括幽奧，博採三藏，研尋百氏。年未及冠，郁為鴻彩，雖廣融經論，而以大衍著名。至於所撰序引、注解、群經篇章、銘論合四十餘卷。每於春初三月放浪岩阿，迄於夏首，方還京邑。漁獵子史，諷味名篇，逸調橫馳，頗以此而懷簡傲也。兼以嘲謔豪傑，辯調中外，陵轢倫右，誇尚矜莊。京邑所推，侯王揖仰，又以旬暇餘隙，遊歷省臺，預是文雄，通名謁對。或談敘儒史，或開悟玄宗，優游自任，亦季世縱達之高僧也。故華壤英俊謂之諺曰：「大論主釋迦迴法界多羅一時領。」以其豎論之時，必令五三人別難，後乃總領通之故，懷斯目矣。大業十年召入禪定，尋又應詔請入鴻臚，為敷大論，訓開三韓諸方士也。貞觀三年，以正道所歸通務為則，遂擁錫庸蜀，流化岷峨，道俗虔虔，靡若風草，法流亹亹，所至汪濊。以四年七日一日遷神於法聚寺，春秋六十五矣。四眾哀慟，悲其為法來儀，未幾而終，素懷莫展，益州官庶士俗，及以同舟列道，爭趨奔於葬所，素幢竟野，香煙蔽空，萬計哀號，聲動天地，於升遷橋南焚之。遵遺令也，弟子玄察收其餘柩，以約秦中與同學玄究等，於終南山仙遊寺北而繕塔焉，究為其文銘於塔所。空情貞抱，素志樂林泉，頗工篇什，時會精越學文，驚其藻銳也，未立而終，哀傷才府。

（據《續高僧傳》卷十五《義解》）

〔註 154〕貞觀：唐太宗李世民的年號，即公元 627～649 年。

〔註 155〕于志寧：唐初大臣、學者，鮮卑族，京兆高陵（今陝西高陵縣）人，出身於關隴貴族階級，曾祖父、父親先後在北周和隋朝居顯位。他投奔李唐政權後，歷高祖、太宗、高宗三朝，位居宰相。《舊唐書》卷七十八、《新唐書》卷一百四有傳。

〔註 156〕臨晉：古地名，即今陝西大荔。

唐同州大興國寺釋道宗

釋道宗，姓衛氏，憑翊人也。行性虛融，寬仁篤愛，優洽成濟，有名當世。弱年遺俗，敦務釋門，專志大論，講散文旨。周武廢道，隱形俗壤，內蘊明禁，外附世塵。隋朝開教，便預剃落，住同州〔註 157〕大興國寺，寺即文祖之生地也。房宇堂塔，前後增榮，背城臨水，重輪疊映。寺立四碑，峙列方面，宗於其中，敷弘連席，悟物既廣，開洗塵心，而形解雄邃，聽徒崇重，四方賓客，日別經過。周給供擬，著名道俗。大業季歷，薦餒相尋。丘壑填骸，人民相食。惟宗偏廣四恩，開化氓隸。施物所及，並充其供，故蒲州道悉、同州道宗，住隔關河，途經即日，情同拯濟，騰實廣焉。眾以德望攸歸，舉知寺任，統收僧侶，慈旨弘被，以法寄人，弘成濟在律，僧眾餘學，彝倫斯亂。乃到京室，延請沙門智首，中夏講說，宗率其部屬三百餘人，橫經承旨，初不覺倦，立寺極久，淨地全無，雖未執觸，終染宿煮。釋文至此，宗乃知非。銜慨晚學，未成護法。乃停講翻穢，方進後文。又常徒布薩，物貴新聞，眾多說欲，不赴斯集。及聞欲之為教，誠為悕求，本是厭怠，不成聖法。自爾盡報，躬臨說戒。諸有不來，量事方許，每至累約，言涉勤繁者，皆為之流淚，沾巾歔欷不已，其欽敬正法為若此也。以貞觀十二年遘疾卒於所住，春秋八十有五，門徒弟子五百餘人。奉佩法訓，無因景仰，乃竭情厚葬，故駕連陰，幢蓋相接，數里之間，皂白斯滿，墳於城東，立碑表德。

（據《續高僧傳》卷十四《義解》）

唐京師弘福寺釋玄會

釋玄會，字懷默，俗姓席氏，其先豳土安定人也，遠祖因官故，又居京兆樊川之秘阪焉。年十二，精苦絕倫，欣志捐俗，而儀相秀挺，有異神童。隋漢王諒〔註 158〕見而奇之，奏度出家，仍住海覺寺，為總法師弟子。自落采之後，即預講席，專志《涅槃》，勤至之功，倫等推尚，總深會之解也。舉為覆述，所以槃節拘致，由來擁慮者皆剖決，通釋泠然可見，時大賞之以為涅槃之後胤也。因爾改前舊章，更新戶牖，穿鑿之功，難與仇抗，造《涅槃義章》四卷。

〔註 157〕同州：古地名，治在今陝西大荔。

〔註 158〕即楊諒，字德章，一名傑，小字益錢，隋文帝楊堅第五子，母文獻皇后獨孤伽羅，封漢王。仁壽四年（公元 604 年）因不滿其兄隋煬帝楊廣即位，遂起兵造反，被楊素率兵擊敗，被幽禁至死。《隋書》卷四十五有傳。

義源文本，時文釋抄部各四卷。自延遠輟斤之後，作者祖述前言，惟會一人，獨稱孤拔。武德之始，學觀大張，沙門曇獻道開國望，造慈悲寺奏會以為寺主。經始惟新，法務連續，引接後昆，講揚此部將四十遍。於時同侶同業，相推元席，而讓以成治，雅為學宗性慕，人法不濫尊嚴。但有法座皆通諮聽，縱己舊聞，傾如新渴，斯敬重之極，未像罕遇也。總法師曰：「吾非聖人，何得此子入吾室乎。」相法師曰：「經云：後五百歲有福智者。此子謂乎，法之大將豈不然乎。」岳法師曰：「此公就我學《俱舍》者，同事攝也，願以妙莊嚴世值善知識矣。」振法師曰：「此公就我學迦延者，之贊成吾學耳。以我小術不恥下問乃回龍象於兔徑也。吾何言哉！」貞觀八年又敕住弘福寺，講事都廢，專修定業。夢登佛手號無量壽，遂造彌陀像一座，常擬繫心，作身同觀。欲入山林，寺眾勸住，請講《涅槃》，至藤蛇喻，忽有異蛇從栿而下，顧視四方，尋即不見。講至《諍論》，常有魔事，因茲遘疾，還返慈悲。見佛來迎，因而氣盡，春秋五十有九，即十四年五月二十七日也。合邑聞知，悲涼相及。葬於高陽原，晚又收其遺骸於故城西南隅，起磚塔供養，自會之弘道也。溫柔在性弘贍為心，遠近流寓投造非一，而能推心接誘，惟法是務。晚又常坐，乃終身世。

（據《續高僧傳》卷十五《義解》）

唐京師慈悲寺釋行等

釋行等，姓吉氏，馮翊人。十二出家，與會公同事總師為弟子。服章粗素，立性鏗卓，登聽淨影遠公《涅槃》，伏讀文義，時以榮之。相從講說百一十遍，中逢阻難，必預先知。或聞異香，或感怪夢，幢折蓋翻，以為標據，即令大眾同念《般若》，所有魔事無何而退。故每講後常禮佛名及讀《華嚴》，以為消障之本也。又與玄會同住慈悲，弘法之時，等必先登，會隨後赴，時以為相成之道也。故常講時感雞伏聽，從受戒者死而還活，冥曹所放，云傳等教，斯亦駭動幽顯，非言厝也。以貞觀十六年三月六日因疾而終，春秋七十有三。初，臨終累日，護戒之語：「吾何重及。但少欲知足，可為永誡。吾今死後，勿作威儀。惟以一椽輿送山所，願食吾身早成正覺，有乖此願，非吾門人。」弟子等營辦幢輿，盛設威儀，將欲塋送，其夜列宿大明地方欲了，大雨洪注，道俗同擁，一不得往。還依遺訣，單輿至山，雨即通霽，收葬於京南神和原，起塔樹松，立銘塔所。

（據《續高僧傳》卷十五《義解》）

周京師大追遠寺釋僧實

釋僧實，俗姓程氏，咸陽靈武人也。幼懷雅亮，清卓不倫。嘗與諸僮共遊狡戲，或摘葉獻香，或聚砂成塔，鄉閭敬焉，知將能信奉之漸也。親眷愛結，不許出家。喻以極言，久而方遂。年二十六乃得剃落。有道原法師，擅名魏代，實乃歸焉。隨見孝文，便蒙降禮。太和〔註 159〕末，從原至洛，因遇勒那三藏，授以禪法，每處皇宮，諮問禪秘，那奇之曰：「自道流東夏，味靜乃斯人乎。」於是尋師問道，備經循涉，雖三學通覽，偏以九次調心，故得定水清澄，禪林榮蔚。性少人事，退跡為功，所以高蓋駟馬，未曾流目。清流林竹，顧便忘返。加又口繞黑子，欹若升形。目有重瞳，光明外射。腋懷鳳卵，七處俱平。奇相超倫，有聲京洛，兼又道契生知，化通關壤，聽業未廣，而無問不明，能勤整四儀，靜修三法，可憲章於風俗，足師表於天人。周太祖〔註 160〕文皇以魏大統中下詔曰：「師目麗重瞳，偏同虞舜，背隆傴僂，分似周公，德宇純懿，軌量難模，可昭玄三藏，言為世寶篤志任持，故有法相之宜興，俗務之宜廢，發談奏議，事無不行。」至保定〔註 161〕年，太祖又曰：「師才深德大，宜庇道俗，以隆禮典。」乃躬致祈請為國三藏，實當仁不讓，默而受之，是使棟樑斯在，儀形攸寄。周氏有國，重仰玄風，禮異前朝，受於歸戒。逮太祖平梁荊後，益州大德五十餘人，各懷經部，送像至京，以真諦妙宗條以問實。既而慧心潛運，南北疏通，即為披決，洞出情外，並神而服之，於是陶化京華，久而逾盛。忽一旦告僧曰：「急備香火，修理法事，誦觀世音，以救江南某寺堂崩厄也。」當爾之時，楊都講堂正論法集，數百道俗充滿其中，聞西北異香及空中妓樂，合堂驚出，同共聞聽，堂欻摧壞，大眾無損。奏聞梁主，乃移以問周，果知實祐。大送珍寶，賜遺相續，而實但取三衣什物而已。余隨散之，由爾名振三國，事參至聖。以保定三年七月十八日卒於大追遠寺，春秋八十有八，朝野驚嗟，人天變色，帝哀慟泣之，有敕圖寫形象，仍置大福田寺。即以其日窆於東郊門外滕公酈食綦，塋南，碑石尚存。弟子曇相等，傳燈不窮，彌隆華實，以業有從，爰於墓所立寺，還名福田，用崇冥福。並建碑於寺野二所，大中興寺釋道安，及

〔註 159〕太和，北魏孝文帝的年號，即公元 477～499 年。

〔註 160〕即北周宇文泰，《周書》卷一、二、《北史》卷九有本紀。

〔註 161〕保定：北周武帝宇文邕的年號，即公元 561～565 年。

義城公庾信制文，今在苑內。

（據《續高僧傳》卷十六《習禪》）

周京師大福田寺釋曇相

釋曇相，姓梁氏，雍州藍田人。與僧實同房，素非師保而敦敬之，重禮逾和尚。相聰敏易悟，目覽七行，禪誦為心，周給成務。而慈悲誘接，偏所留心。因有行往見人弋繳網羅禽獸窮困者，必以身代贖得脫方舍，其仁濟之誠出於天性。實每美云：「曇相福德人，我不及也。」斯見禮如此。實嘗夜詣相房，恒預設座擬之，相對無言，自陳道合，私有聽者，了無音問。常以為軌，乃經積載。有時大癘橫流，或旱澇兇險，人來問者，相皆略提綱目教其治斷，至時必有神效。人並異之，或問：「李順興強練何人耶？」相曰：「順興胎龍多欲，強練遊行俗仙，助佛揚化耳。」其幽記之明諒不可測也。住大福田寺，京華七眾師仰如神。以周季末歷正法頹毀，潛隱山中。開皇之初，率先出俗。二年四月八日卒於渭陰故都，圖像傳焉，今在京師禪林寺，其承緒禪學，遺囑慧端，具見別傳。

（據《續高僧傳》卷十六《習禪》）

唐蒲州柏梯寺釋曇獻

釋曇獻，姓張，京兆始平人。少事昌律師，昌虞鄉賈氏。淨行無玷，精誠有聞，股肱之地，咸所宗仰，所居谷口，素有伽藍，因此谷名遂題寺目為靜林寺也。昌師攝念經行，常志斯所。周武道喪，隳壞仁祠。昌與俗推移而律儀無缺，隋文御寓，重啟法筵，百二十僧，釋門創首，昌膺此選也。仍僧別度侍者一人，獻預其位，住大興善。昌後言歸故里。悲瘞靈儀，掘出莊嚴，一佛興世，博修院宇，延組殿堂，緇素翹誠，始欣有奉。雕造未畢，而昌遷逝，族人百數，仰慨尊容。以為法儀雖歿，神足猶在，祈請續功，便從來意。遂移仁壽而經營之，故得棟宇高華，不日而就，兩寺圍繞，四部歸依，州司以靜林仁壽已偃慈風，柏梯淨土，未沾甘露，遂屈知柏梯寺任。俯從物議，又之斯位，釋網斯張，萬目咸舉，仁洽開務，有漏天舟，眾侶弘之，大小齊美。以貞觀十五年正月微疾，至十五日旦便曰：「須向靜林。」至卯時乃有非常雲霧，遺形於柏梯山東南山頂。其夜大放光明，形如華蓋，四照遠近，迄於三夕。經旬其屍為靜林寺側，諸信士潛竊神柩置於靜林南山之頂，柏梯初不知也。於彼山頂，兩夜續放神光，始詳其故。兩處交競，九載於茲。緣州歷縣，紛黷不息，豈非通幽洞理，致茲靈感。深慈博惠，纖結眾情者乎。弟子等勒銘山阿，敢告惟遠。

（據《續高僧傳》卷二十《習禪》）

唐京師西明寺釋靜之

釋靜之，姓趙，雍州高陵〔註 162〕人。父母念善，絕無息胤，祈求遍至，而無所果。遂念觀音，旬內有娠，能令母氏厭惡欲染，辛腥永絕。誕育之後，年七八歲，樂阿彌陀觀，依文修學，隨位並成。行見美境，骨觀明淨。性樂出家，既有一子誓而不許。隨父任蜀，不久崩亡，意欲為父焚身報德，有一賢人引《金剛般若》云:「捨身不如持經。」乃迴心剃剪，用伸罔極。一入法門，翹誠逾厲。隨聽經律，而意在定門。後從江禪師習觀，而威容端雅，見者發心。貞觀初，隱益部道江彭門山光化寺，一十餘載。常坐茅宇，不居僧房，四方集者二百餘人，六時三業，不負光景。又別深隱入靈巖山，大蟲為偶，無所驚擾。利州道禪師，素交既久，請入劍閣，北窮腹山，徒侶十餘，齎米四石，恰至夏竟，一石未盡。小時鼻患肉塞，百方無驗，有僧令誦《般若》，多心萬遍。恰至五千肉鈴便落。行至秦州被毒蛇螫，苦楚叵言，以觀行力，便見善境，自然除滅。後遇疾苦，依前得差，乃撰諸家觀門以為一卷，要約精最，後學重之。顯慶三年，召入西明，別立禪府，利州本寺。桂樹忽凋，胡桃自拔，佛殿無故，北面仰地，尊儀不損，斯亦德動幽靈為若此也。以顯慶五年春三月二十七日，右脅而終於西明，春秋五十七矣。

（據《續高僧傳》卷二十《習禪》）

唐汾州光嚴寺釋志超

釋志超，俗姓田，同州憑翊人也。遠祖流寓，遂居並部之榆次焉。少在童亂，智量過人，精厲不群，雅度標遠，厭世從道，貫徹藏俞，而二親恃超，更無兄弟，雖述其志，常用抑之，望嗣宗族，遂從儒流，遍覽流略，年垂壯室，私為娉妻。超聞之，避斯塵染，乃逃竄林野，親姻周覓，藏影無方既被執身，抑從伉儷。初則合巹為蹤，終亦同掩私室。冀行婚禮也，惟置一床，超乃

〔註 162〕即陝西高陵。

抽氈席地，令妻坐上，躬自處床，儼思加坐，勤為說法，詞極明據，妻便流淚，禮謝辭以相累，頻經宵夕，事等金形。屢被言勸，誠逾玉質，既確乎難拔，親乃捐而放之。年二十有七，投并州開化寺慧瓚禪師。瓚志德澄明，行成眾範，未展度限，歷試諸難。志超潔正身心，勤履眾務，僧徒百數，供雜五行，兩食恒備，六時無缺，每有苦役，必事身先。瓚親閱驗，其情守節度令受具。自進戒品，專修行儀，即往定州尋採律藏，括其精要，刪其繁雜，五夏不滿，三教備圓，乃返故鄉，依巖綜習。初入太原之西比干山，棲引英秀，創立禪林，曉夕勤修，定慧雙啟，四儀託於戒節，二行憑於法依。學觀詵詵，無威而肅，致使聞風，不遠而至。大業初歲，政網嚴明，擁結寺門，不許僧出。超聞之慨而上諫，被衣舉錫，出詣郡城，望有執送，將陳所諫，而官私弗顧，乃達江都，即以事聞。內史以事非要害，不為通引，還遣並部。至隋季多難，寇賊交橫，民流溝壑，死者太半。而超結徒勸聚，餘糧不窮，但恐盜竊相陵，便欲奔散，乃以法誡勸無變爾情，鏡業既臨，逃響何地，眾感其言，心期遂爽，準式禪禮，課時無輟。嘗夜坐禪，忽有群賊排門直進，炬火亂舉，白刃交臨，合坐端然，相同儀象，賊乃投仗於地，拜伏歸依，超因隨宜誘引，量權授法，咸發心敬，合掌而退，其剛略攝御皆此類也。高祖建義太原，四遠咸萃，超惟道在生靈，義居乘福，即率侶晉陽住凝定寺。禪學數百，清肅成規，道俗欽承，貴賤恭仰，及皇旗南指，三輔無塵。義寧二年，超率弟子二十餘人奉慶京邑，武皇夙承嘉望，待之若仙，引登太極，敘之殊禮。左僕射魏國公裴寂，挺生不世，器璉宏深，第中別院，置僧住所，邀延一眾，用以居焉。亟歷寒暑，業新彌厲，但為貴遊諠雜，外進無因，必附林薄，方程慕遠。時藍田山化感寺沙門靈閏、智信、智光等，義解鉤玄，妙崇心學，同氣相求，宛然若舊。遂延住彼山，棲志得矣。攝緣聚結，其赴如雲，賢聖語默，互相敦重。而寺非幽阻，隸以公途，晦跡之賓，卒難承業，乃徇物關表，意在度人。還返晉川，選求名地。武德五年，入於介山，創聚禪侶，巖名抱腹，四方有澗，下望百尋，上臨千仞，泉石結韻於仙室，風雨飄清於林端。遂使觀者至止，陶鑄塵心，自強誨人，無倦請益。又於汾州介休縣治立光嚴寺，殿宇房廊，躬親締搆，赫然宏壯，有類神宮。故行深者巖居，道淺者城隱，師資肅穆，競業其誠，聆音察色，惟若不足。忽因遘疾，便知不久，誡累殷勤，示以禍福。以貞觀十五年三月十一日卒於城寺。春秋七十有一。山世同嗟，賓主齊慟，德仁既往，學肆斯分，葬於城南山阜。自服膺釋種，意在住持，晝夜克勤，攝諸後學，所以日別分功，禮佛五百，禪結四時，身誡眾侶，有虧殿罰，而自執薰爐，隨唱屈禮，未嘗置地，及以虧拜。及坐禪眾也，互相懲誡，纔有昏睡，親行勵率，有來投造，無不即度，授以戒範。進止威儀，攝養將迎，禮逾天屬，時遭嚴勑，度者極刑，而曾無介懷，如常剃落，致陸海慕義，避世逸僧，憑若大山，依而修道。時講《攝論》、《維摩》、《起信》等，並詳而後說，深致適機。嘗以武德七年止於抱腹，僧徒僅百，偏資大齋，麥惟六石，同置一倉，日磨五斗，用供常調，從春至夏，計費極多，怪而檢覆，止磨兩斛，據量此事，幽致可思。又數感異僧，乘虛來往，雖無音問，儀形可驗，纔若墮者，便蒙神警，至於召眾鐘聲，隨時自響，石泉上湧，隨人少多，靈瑞屢興，如此者非一。而奉敬戒法，罕見其儔，護慎威儀，終始無替。自隋唐兩代，親度出家者近一千人，範師遺訓，在所聞見，傳者昔預末筵，蒙諸惠誥，既親承其績，故即而敘焉。

（據《續高僧傳》卷二十《習禪》）

唐京師普光寺釋玄琬

釋玄琬，俗姓揚，弘農華州〔註 163〕人也。遠祖因徙，今居雍州之新豐焉。青襟悟道，履操沖明，志在學年，方遊法苑。事沙門曇延法師，延震嶺宏標，遺教法主。隋文欽重，立寺處之，具見別傳。而琬位居入室，恭恪據懷。及進具後，便隨洪遵律師伏膺四分，冠冕遮性，鎔汰持犯，涉律三載，便事敷演。使於後進樂推，前英歎美。乃旋踵本師，涅槃真體，捃掇新異，妙寫幽微。又欲欽佩《唯識》，包舉理性。於曇遷禪師稟學《攝論》，並尋閱眾鋒，窮其心計。《法華》、《大集》、《楞伽》、《勝鬘》、《地論》、《中百》等，並資承茂實，研核新聞，環循彌討，其際搜會，擢其玄理。然顧福智相，導有若輪馳，慧業略剖於終，標樹創開於始。永惟延師存日，願造丈六釋迦，經略未圓，奄便物故，誓志營復，克遂先摸。

於仁壽二年，提洽有緣，便事爐錘。寺乃京皐衝要，峙望歸心，故使至感冥通，控引咸遂。當時空色清朗，杲日流輝，上天雨花，狀如雲母，滿空飄灑，終墜像前。僚庶嘉其罕逢，法屬慶斯榮瑞。及開摸之後，雅相逾圓，即為關輔棟樑，金像之大有未過也。今在本寺，每於靜夜清朝，飛流八音之響，而不測其來至。又造經四藏，備盡莊嚴，諸有繕寫，皆資本據。又以二月八日大

〔註 163〕即陝西華縣。

聖誕沐之晨，追惟舊緒，敬崇浴具。每年此旦，建講設齋，通召四眾，供含悲敬，辦羅七物，普及僧儔。又常慨運岠象，末有虧歸禁。至於授受遮難，滋彰乃鑒飾道場，尋諸懺法。每春於受戒之首，依二十五佛及千轉神咒，潔齋行道，使彼毀禁之流，澄源返淨，登壇納法，明白無疑，並傳嗣於今，住持不絕，從此而求，可謂護法菩薩也。而重法尊行，晨夕相仍，若值上德異人，必揖對欣振，諮承余令。雖聞同昔習，而翹仰如新，斯後已謙光，罕有蹤矣。

逮貞觀初年，以琬戒素成治，朝野具瞻。有敕召為皇太子及諸王等受菩薩戒，故儲宮以下師禮崇焉。有令造普光寺，召而居之。供事豐華，廣沾會響。又別敕延入為皇后六宮並妃主等，受戒椒掖，問德禁中，授納法財，日逾填委，而欽若自守，不顧有餘。櫬施所資，悉營功德。尋有別敕於苑內德業寺為皇后寫現在藏經，當即下令於延興寺更造藏經，並委其監護。琬以二宮所寄，惟谷其誠，衹奉不難，義須弘選。自周季滅法，隋朝再興，傳度法本，但存卷秩，至於尋檢文理，取會多乖，乃結義學沙門，仇勘正則。其有詞旨不通者，並諮而取決，故得法寶無濫於疑偽，迷悟有分於本末，綱領貞明自琬始也。昔育王再集於周時，今琬定宗於唐世，彼此誠異，厥致齊焉。然其匠訓於世，三藏含之，偏以苦節自修德，以律儀馳譽。言為世範，緇素收歸，華夷諸國僧尼從受具戒者三千餘人，王公僚佐爰及皁隸從受歸戒者二十餘萬。左僕射蕭瑀〔註 164〕兄弟，人倫藻鏡，久厭時煩，每諮《法華》，會三之旨，龍樹〔註 165〕明中之教，沉吟移景，奉佩而旋。右僕射杜如晦〔註 166〕，臨終委命，召為歷劫師資。大將軍薛萬徹〔註 167〕毗季並及母氏，並欽崇戒約，蔬素形終。普光、道岳法師，解洞幽關，辯開慧府，敬奉戒香，行菩薩道。而汲引亡疲，

〔註 164〕蕭瑀：字時文，祖籍黃連（今福建省清流縣）。《舊唐書》卷六十三、《新唐書》卷一百一有傳。

〔註 165〕即龍樹菩薩：又譯龍猛、龍勝，在印度佛教史上被譽為「第二代釋迦」，大約活躍於公元 150 年至 250 年之間，他首先開創空性的中觀學說，肇大乘佛教思想之先河，是大乘佛教史上的第一位偉大論師，傳說壽高一百五十（或說二百），著有大量的大乘論典，其中最主要的有《中論》、《大智度論》、《十住毗婆沙論》等。《中論》闡發緣起性空的深義；《大智度論》採取中道立場來彰顯般若真理；《十住毗婆沙論》則以深遠的見解來宣揚菩薩之大行。

〔註 166〕杜如晦：字克明，漢族，京兆杜陵（今中國陝西西安市長安區）人，唐朝初期大臣，凌煙閣二十四功臣之一。《舊唐書》卷六十六、《新唐書》卷九十六傳。

〔註 167〕薛萬徹：唐初將軍，京兆咸陽（今陝西咸陽東北）人。《舊唐書》卷六十九有傳。

弘務終日，因之革勵修習者，計非恒準。故京輔士庶，繼踵煙隨，禮供相尋，日盈廚庫。時有巫覡者云:「每至授戒說法，異類鬼神，諸方屯聚，如承受相，自非至功冥被孰能致乎。」琬以戒勸之至，物我同欽，義等風行，事符草偃。乃致書皇太子曰:「元正告始，景福惟新，伏惟殿下膺時納祐，罄無不宜，但琬夙縈沉痾，不獲奉慶，蒙降逮問，無任荷戢，感顧恩隆，罔知攸厝。今略經中要務，即可詳行者四條，留意尋檢，永綏寶祚，初勸行慈，引涅槃梵行之文，令起含養之心，存兼濟之救也。二減殺者，引儒禮無故，不殺牛羊者，皆重其生去其濫逸也。」又言:「王者修其教，不易其俗；齊其政，不易其宜；見其生，不忍其死；聞其聲，不食其肉。此即上帝悼損害之失，樹止殺之漸也。故佛經有恕己之喻，誡之殺打諸事也。琬聞東宮常膳，日多烹宰，審如所承，誠有大損。殿下以一身之料，遍擬群僚。及至斷命所由，莫不皆推殿下。所以長懷夕惕，望崇慈恕，自今以往請少殺生，東宮內外咸減肉料，則歷長命久，仁育斯隆。三順氣者，如經不殺曰仁，仁主肝，肝者木也。春陽之時，萬物盡生，宜育群品，用答冥造，如其有殺是不順氣。殿下位處少陽，福居春月，行慈以和正氣，施惠以保天齡，請年別春季斷肉停殺，愍彼含育，順此陽和。四奉齋者，如經年三月，六能潔六根，便資五福。伏願遵行，受持齋戒，何者今享此重位，咸資往因，復能進德崇善，用成其美，則善知識者是大因緣。玄琬道德疏微，曲蒙顧眄，謹率聞見，敢塵聽覽。」登即答曰:「辱師所示，妙法四科，循覽周環，用深銘佩。法師早祛塵累，遊神物表，闡鷲嶺之微言，探龍宮之秘藏，洞開靈府，凝照玄門，固以高步彌天鄰幾初地，遂能留情博施，開導蒙心，理實義周，詞華致遠，包括今古，網羅內外，訓誘之至，審諭之方。縱聖達立言，師傅弘道，亦未足彷佛要津，擬儀高論。但行慈減殺，順氣奉齋，斯乃仁人之心，以成大慈之行，謹當緘諸心府，奉以周旋，永籍勝因，用期冥祐。」餘文不載。其言令之行化及此類。九年下詔斷殺，起於三月盡於五月。琬以仁育兼濟，乃上啟更延，帝又特聽，盡於歲暮。貞觀十年杪冬，遘疾知歸後世。又致啟東宮累以大法，又上遺封表於帝曰:「玄琬聞。真容晦跡，像教凌遲，無不假緇素以住持設內外而為護，遂得法雲，再潤慧日重輝，光葉萬乘，紹隆千載，竊尋住持之理，義有多門，弘護之方，教乃非一。若不依佛取捨，仍恐賞罰乖宗，如其準教驗時，是則簡敬當理，伏以僧尼等。不依戒律致犯刑章，聞徹闕庭，塵勞聽覽，琬等僧徒，無任慚懼。但恐餘年昏朽，疾苦相仍，弱命不存，洪恩未答。遂於經中，撰《佛教後代國王賞罰三寶法》及《安養蒼生論》並《三德論》各一卷。伏願聖躬，親降披覽，陛下廣開上書之路，冀納芻蕘之言，謹獻秘要之經，請詳金口之教，但琬忝當傳法，庶無匿教之愆。扶劣署封，以酬終後之事，不勝戀仰，謹奉經以聞。」又遺誡門人在於道檢，言極詳切，讀者垂淚，又云：「餘蔭施諸眾生，餘骸依古焚棄，制服喪臨，一無預懷。」遂以臘月七日卒於延興寺房，春秋七十有五。道俗失依，皇儲哀慟。天子下詔曰：「玄琬律師戒行貞固，學業清通，方寄弘宣正法，利益群品，不幸沒世，情深惻悼，賜物如別，齋所須事由天府、春宮懿戚、卿相重臣並捨金貝。」榮嘉賵贈，營助追福，暨於百日。特進蕭瑀、太府蕭璟、宗正李百藥〔註 168〕、詹事杜正倫〔註 169〕等，並親奉戒約，躬盡哀禮，後旋殯山寺，幢蓋相映，香花亂空，從者如雲，眾盈數萬。前儐達於終南，後塵猶繼於城闕。四十里間，皂素充道，皆云：「我師斯亡，戒業誰保。」故為時宗如此也。弟子等五百餘人奉遵遺旨。爾時雲高風靜，水淨油香，七眾彌山，一心悲結。乃命下火，依法闍維〔註 170〕，薪盡灰飛，廓然歸本。仍於焚所建佛塔一區，用津靈識儀像存焉。東宮洗馬蘭陵蕭鈞制銘，宗正卿李伯藥製碑，立於塔所時為冠絕。

初，琬自始及終，意存弘濟，生善福智，無不綴心。武德之初，時經剝喪粒食勇貴，客僧無託，乃自竭餘力，行化魁豪，隨得貨賄，並充供給，日到寺廚，親問豐約，故主客同慶焉。又像季澆漓多輕戒律，乃以身軌物引諸法屬，親執經文，依時附聽，乃經十遍，遠嗣先塵。智首律師德光榮問於帝京者，實資成贊，能扇芳風。自見令達，罕能推挹，如此人矣。故使唐運搜舉，歲拔賢良，多是律宗，實由琬之篤課也。而容範端肅，聲氣朗峻，預瞻敬者，莫不懍然。故圖像厥相，猶令人畏者。

（據《續高僧傳》卷二十二《明律》）

唐京師普光寺釋慧滿

釋慧滿，姓梁氏，雍州長安人也。父粲，歷仕隋唐，為海疊諸州刺史。滿

〔註 168〕李百藥：字重規，唐朝定州安平（今屬河北）人，政治家，史學家，主要貢獻為編修《北齊書》。《舊唐書》卷七十二、《新唐書》卷一百二有傳。

〔註 169〕杜正倫：字不詳，相州洹水人，正倫善屬文，著有文集十卷。《舊唐書》卷七十、《新唐書》卷一百六有傳。

〔註 170〕闍維：梵語，佛教用語，指人死後火化。

生年素潔，履正標宗，慈濟含育，殆非修學，世俗肴膳，見便寒悚，僧儀道具，睹即欣仰。年甫七歲，即樂出家。二親素奉佛宗，不違其志。父臨海州，有敕聽度，便蒙剃髮，隨父還京住大興善，為仙法師弟子。仙名望京邑，識悟有從，既道俗洽聞，故父親付囑。後攜住仁壽宮之三善寺。及大業之始，又住大禪定焉，進戒奉業於智首律師。明慎威儀，學門推揖。思擇理味，以達曙為恒，而勤於政事，樂行勸勉，每值立界施，則唱白科舉。身先眾侶，諮考疑議。至於受戒緣集，難遮多少，教授獨斷，成不眇然。滿乃預令識相，提撕抵掌，致有臨機忘逸，往往征正，時共重其詳，審敬其成進也。遊講四方，不拘世累。貞觀三年，嘗於鄜城魏兵曹家別院，講羯磨法，所居草室，忽為火燒，風焰俱盛，將延西及，滿索水潠之，因即風回火滅，得無燒爇，斯戒德之威，頗難登繼。至七年，令造新寺，通選大德，以滿行績前聞，引之令住。其年奉敕令任弘濟寺上座，專弘律訓，獎導僧徒。丞有成規，旁流他寺。有集仙寺尼，素無慧解，妄有師習，鑄老子真人等像，私自供養，並廣召黃巾，在堂慶度，滿與諸僧，同預齋集，既屬此事，公呵止之。連告大德，顯行擯罰。又追取道像入太原寺改成佛相，用誡餘習。昔周趙王治蜀，有道士造老君像而以菩薩俠侍，僧以事聞，王乃判曰：「菩薩已成不可壞，天尊宜進一階官。」乃迎於寺中，改同佛相，例相似也。又尼慧尚者，僥倖一時，宮禁還往。會高祖昇遐，離宮京置，乃以尚之住寺，擬設皇靈。尚即取僧寺為尼所住，事違正敕，莫敢致詞。滿遂構集京室三綱大德等二百餘人，行於擯黜，云：「自佛法流世，未有尼眾倚官勢力奪僧寺者，既是非法，宜出眾外，不預四眾，還往及諸法事，若有與尚眾言論者，亦同此罰，制令既行，是非自顯。」慧尚不勝其責，連訴東宮並諸朝宰，有令遣詹事杜正倫解其擯事。僧眾既集，多從情議，滿曰：「殿下住持正法，慧滿據法情理，今則違理附情，此則規模一亂，擯本治罪，罪仍未悛，據此而詳，未敢聞旨。」便捉坐具，逡巡而退。時眾懼加威權，便同解擯，滿聞之歎曰：「余伴既少，難可重治，且不同解，示知乖相耳。」尚後謝過，滿終不顧。及駕巡東部，下敕李眾在前，滿集京僧二百人詣闕陳諫，各脫袈裟，置於頂上，擬調達之行五法，舉朝目矚，不敢通表。乃至關首，重敕方回，常安弘濟，集徒講說，成匠晚秀，有鄰聲採，又願生安養，浴僧為業。學安公之芳緒也。煢煢惻惻，兢兢自厲。以貞觀十六年四月二十日遘疾。知當後世，敕出什物，並屬三寶，正坐繩床，自加其膝，召諸寺眾人各執別，氣從下上，漸至於心，言晤答對，初無昏昧，暖氣至口，奄爾而終。春秋五十有四，焚於終南龍池寺側。餘骸並化，惟舌不灰，更足薪火，經於累宿，色逾鮮赤，遂瘞於山隅。京師淨住寺惠昂，為之銘頌，見於別集。製《四分律疏》二十卷，講四十餘遍。

（據《續高僧傳》卷二十二《明律》）

唐京師延興寺釋道胄

釋道胄，姓輔，京兆始平人。祖任，上黨太守，遂居長子焉。性聰敏，樂遠離。行年十四，遭母憂，興蓼莪志，報恩難極，為母出家，志敦孝。始年二十往并州〔註 171〕，請印法師為和上得爾也，可年八十五歲也。令送至城門，見多人著赤衣多須來迎，云：「是綿竹所放生者。」因即蘇自此廣化，立放生池。諸州凡造一百餘所，今並見在。又益州甘亭神威力嚴惡，殃福立應，祈禱血食，牛羊難紀。忽下巫語，欲逞受戒，乃將佛像在神下座，於時神影自移本處，向佛下坐，逞為受戒。自爾祀日，齋食而已。又往劉備先生受戒，神亦隨從。所以蜀川神所逞行至者，皆為受戒，至今不捨。由此道俗歸依，發言風靡。又於綿竹郫縣造三百尺大象，今並成就。故所祈求，為無不遂。以顯慶四年終於本寺，春秋八十五。道俗哀慕，送往放生池，於路三度大雨，雨皆白色，恰至葬所，天地清明。

（據《續高僧傳》卷二十二《明律》）

周京師大中興寺釋道安

釋道安，俗姓姚，憑翊胡城〔註 172〕人也。識悟玄理，早附法門，性無常師，聞道而至。兼以恬虛靜泊，凝心勝境，謙肅為用，動止施度。凡厥禪侶，莫不推服。後隱於太白山，棲遁林泉，擁志經論，思拔深定，慧業斯舉，旁觀子史，粗涉大綱。而神氣高朗，挾操清遠。進具已後，崇尚涅槃，以為遺訣之教；博通智論，用資弘道之基。故周世渭濱，盛揚二部，更互談誨，無替四時。住大陟岵寺，常以弘法為任，京師士子，咸附清塵。安內外既明，特善文藻，動言命筆，並會才華。而風韻疏通，雅調翔簡，執禮居尊，仁被朝貴。故榮達儒宰，知名道士，日來請論，咸發信心，故得義流天下，草偃從之。周武

〔註 171〕并州：古地名，其地約當今河北保定和山西太原、大同一帶地區。
〔註 172〕即陝西大荔。

廓清天步，中外禔福，頻御雕輦，躬禮安焉。安道為物宗，坐鎮崇敬，令帝席地而止，安則如常敷化，高談正法，詞無涉世，公卿側目，觀者榮慶。時及中食，安命供設，帝將舉箸曰：「弟子聞。俗人不合僧食，法師如何以罪累人？」安曰：「佛教權實律制，開遮王賊惡臣，並通供給，貧道據法相擬，理非徒爾。」帝曰：「審如來言非佛意也，但恐損道眾耳。又與賊臣同席，誠無預焉。」即敕將去，更論餘法，曾不以介意，斯即季代之高量也。後敕住大中興寺，別加殊禮。帝往南郊，文物大備，敕諸道俗同睹通衢。敕別及安，令觀天子鹵簿儀具，安答曰：「陛下為民故出，貧道為法不出。」帝聞彈指，歎善久之。安鑒悟絕倫，德風遠扇，立形平準，守道自遵，皆此類也。與同學慧儁，知名周壤。儁姓朱氏，京兆三原〔註 173〕人。生不學書，而耳餐取悟，一聞不忘，藏諸胸臆，流略儒釋，談如泉湧，攻擊關責，鋒鍔叢萃。曾於一日安公正講《涅槃》，儁命章設問，遂往還迄，暮竟不消文，明旦又問，講難精拔。安雖隨言即遣，而聽者謂無繼難，儁終援引文理，徵並相酬，遂連三日，止論一義。後兩捨其致，方事解文，故使驚唱前修，預聞高揖。儁後歷尋華土，縱學名師，凡所沾耳，皆義通旨得。安與同室三十餘年，言晤飛玄，誠逾目擊，因疾而卒。安撫尸慟哭曰：「宣尼有言，信不虛矣。」

至天和〔註 174〕四年歲在己丑三月十五日，敕召有德眾僧、名儒、道士、文武百官二千餘人於正殿，帝升御座，親量三教，優劣廢立，眾議紛紜，各隨情見，較其大抵，無與相抗者。至其月二十日，又依前集。眾論乖咎，是非滋生，並莫簡帝心，索然而退。至四月初，敕又廣召道俗，令極言陳理。又敕司隸大夫甄鸞，詳佛道二教，定其先後，淺深同異。鸞乃上《笑道論》三卷，合三十六條，用笑三洞之名及笑經稱三十六部，文極詳據，事多揚激。至五月十日，帝又大集群臣，詳鸞上論以為傷蠹道士，即於殿庭焚之。道安慨時俗之混並，悼史藉之沈網，乃作《二教論》取擬武帝，詳三教之極，文成一卷，篇分十二。初，歸宗顯本，篇有客問曰：「僕聞風流傾墜，六經所以緝修；誇尚滋彰，二篇所以述作。故優柔弘潤，於物必濟曰儒；用之不匱，於物必通曰道。斯皆孔老之神功，可得而詳矣。近覽釋教，文博義豐，觀其汲引，則恂恂善誘，要其旨趣，則亹亹茲始良。然三教雖殊，勸善一途，教跡誠異，理會則同。至如老嗟身患，孔歎逝川，固欲後外以致存生，感往以知物化，何異釋典之厭，身無常

〔註 173〕即陝西三原。

〔註 174〕天和：北周武帝宇文邕的年號，即公元 566～572 年。

之說哉。但拘滯之流，未馳高觀，不能齊天地於一指，均是非於一氣。致令談論之際，每有不同，此所謂匿摩尼於胎瞉，掩大明於重夜，傷莫二之淳風，塞洞一之玄旨，祈之彌劫奚可值哉。」主人答曰：「子之窮辯，未盡理也。夫萬化本於生生，三才兆於始始。然則無生無始，物之性也；有化有生，人之聚也。聚雖一體，而形神兩異，散雖質別，而心數弗亡。故救形之教，教稱為外，濟神之教，教稱為內。是以《智論》有內外兩經，《仁王》〔註 175〕辯內外兩論，《大等》明內外兩律，《百論》〔註 176〕言內外二道。若通論內外，則該彼華夷；若局命此方，則可云儒釋。釋教為內，儒教為外，備彰聖典，非為誕謬。詳覽載藉，尋討源流，教惟有二，寧得有三，何者？昔玄古樸素，墳典之誥未弘；淳風稍離，丘索之文乃著。故包論七典，統括九流，咸為治國之謨，並是修身之術。若派而別之，則應為九教。總而合之，則同屬儒宗。論其官也，各王朝之一職；談其藉也，普皇家之一書。子欲於一化之內，令九流爭川，大道之世，使小成競辯，豈不上傷皇極莫二之風；下開拘放鄙蕩之弊。真所謂巨蠹鴻猷，眩曜朝野矣。佛教者，窮理盡性之格言，出世入真之正轍。論其文，則部分十二；語其旨，則四種悉檀，理妙域中。固非名號所及，化擅係表，又非情智所尋。至於遣累落筌，陶神盡照，近超生死，遠證泥洹，播闡五乘，接群機之深淺；該明六道，辯善惡之升沉。夐期出世，而理無不周；邇毗王化，而事無不盡。能博能要，不質不文，自非天下之至慮，孰能與斯教哉。雖復儒道千家，農墨百氏，取捨驅馳，未及其度者也。惟釋氏之教，理富權實，有餘不了稱之曰權，無餘了義號之為實。通言善誘，何名妙賞。子謂三教雖殊，勸善義一；余謂善有精粗優劣宜異，精者超百化而高升，粗者循九居而未息，安可同年而語其勝負哉。」又云：「教跡誠異，理會則同，爰引世訓，以符玄教，此蓋悠悠之所味，未暨其本矣。教者何耶，筌理之謂，理者何耶，教之所詮，教若果異，理豈得同，理若必同，教寧得異，筌不期魚，蹄不為兔，將為名乎理同安在。夫厚生情篤，身患之誡遂興，不悟遷流，逝川之歎乃作，並是域內之至談，非逾方之巨唱，何者？推色盡於極微，老氏之所未辨；究心窮於生滅，宣尼又所未言。可謂瞻之似盡，而察之未極者也。經曰：分別色心，有無量相，非諸二乘所知，且二乘之與大行，俱越妄想之鄉。菩薩則慧兼九道，聲聞則獨善一身，其猶露潤之比巨壑，微塵之比須彌。況凡夫識想何得齊乎？故經曰：無以日光

〔註 175〕即《仁王經》，又名《仁王般若經》，全稱《佛說仁王護國般若波羅蜜經》。
〔註 176〕百論：佛教論書，上下兩卷，古印度提婆著，世親釋。

等彼螢火。若夫以齊而齊不齊者未齊矣，以齊而齊於齊者未齊焉。余聞善齊天下者，以不齊而齊天下者也，何須夷嶽實淵，然後方平，續鳧截鶴於焉始等，此蓋狷夫之野議，豈達士之貞觀乎。故諺曰：紫實昧朱，狂斯濫哲。請廣其類，上至天子，下至庶人，莫不資色心以成軀，稟陰陽而化體，不可以色心是等，而便混以智愚，陰陽義齊，則同之於貴賤。此之不可，至理皎然。雖強齊之，其義安在。」帝為張賓構譖，意遣釋宗，初覽安論，通問僚宰，文據卓然，莫敢排斥。當時廢立遂寢，誠有所推。至建德三年歲在甲午五月十七日，乃普滅佛道二宗，別置通道觀，簡釋李有名者，並著衣冠為學士焉事。在別傳。

安削跡潛聲，逃於林澤。帝下敕搜訪，執詣王庭，親致勞接，賜牙笏、彩帛，並位以朝列。竟並不就，卒於周世。初，安之住中興，攜母相近，每旦出覲，手為煮食，然後上講，雖足侍人，不許兼助。乃至折薪汲水，必自運其身手。告人曰：「母能生養於我，非我不名供養。卒於母世，初無一息，斯準大聖擔棺之象，布化澆夫矣。」及其即世也，乃作遺誡九章，以訓門人，其詞曰：敬謝諸弟子，夫出家為道至重至難，不可自輕，不可自易。所謂重者，荷道佩德，縈仁負義，奉持淨戒，死而有已。所謂難者，絕世離俗，永割親愛，回情易性，不同於眾。行人所不能行，割人所不能割，忍苦受辱，捐棄軀命，謂之難者名曰道人。道人者行道人也，行必可履，言必可法。被服出家，動為法則。不貪不諍，不讒不匿，學問高遠，志存玄默，是為名稱，參位三尊。出賢入聖，滌除精魂，故得君王，不望其報。父母不望其力，普天之人莫不歸揖。捐妻減養，供奉衣食，屈身俯仰，不辭勞役者，以其志行清潔，通於神明，淡泊虛白，可奇可貴故。自頃荒流，道法遂替。新學之人，未體法則。棄正著邪，忘其真實，以小點為智，以小供為足，飽食終日，無所用心，退自推觀，良亦可悲。計今出家，或有年歲，經業未通，文字不決。徒喪一世，無所成名。如此之事，不可深思。無常之限，非旦則夕。三塗苦痛，無強無弱。師徒義深，故以申示。有情之流，可為永誡。其一曰：卿已出家，永違所生，剃髮毀容，法服加形，辭親之日，上下涕零，割愛崇道，意陵太清。當遵此志，經道修明，如何無心，故在色聲。悠悠竟日，經業不成。德行日損，穢跡遂盈。師友慚恥，凡俗所輕。如是出家，徒自辱名。今故誨勵，宜當專精。其二曰：卿已出家，棄俗辭君。應自誨勵，志果清雲。財色不顧，與世不群。金玉不貴，惟道為珍。約己守節，甘苦樂貧。進德自度，又能度人。如何改操，趨走風塵。坐不暖席，馳務東西。劇如徭役，縣官所牽。經道不通，戒德不全。朋友蚩弄，同學棄捐。如是出家，徒喪天年。今故誨勵，宜各自憐。其三曰：卿已出家，永辭宗族。無親無疏，清淨無欲。吉則不歡，凶則不戚。超然從容，豁然離俗。志在玄妙，軌真守撲。得度廣濟，普蒙福祿。如何無心，仍著染濁，空爭長短，銖兩斗斛。與世同利，何異僮僕。經道不明，德行不足。如是出家，徒自毀辱。今故誨示，宜自洗沐。其四曰：卿已出家，號曰道人。父母不敬，世帝不臣。普天同奉，事之如神。稽首致敬，不計富貧。尚其清修，自利利人。減割之重，一米七斤。如何怠慢，不能報恩。倚縱遊逸，身意虛煩。無戒食施，死入太山。燒鐵為食，融銅灌咽。如斯之痛，法句所陳。今故誨約，宜改自新。其五曰：卿已出家，號曰息心。穢雜不著，惟道是欽。志參清潔，如玉如冰。當修經戒，以濟精神。眾生蒙祐，並度所親。如何無心，隨俗浮沉。縱其四大，恣其五根。道德遂淺，世事更深。如是出家，與世同塵。今故誡約，幸自開神。其六曰：卿已出家，捐世形軀。當務竭情，泥洹合符。如何擾動，不樂閒居。經道損耗，世事有餘。清白不履，反入泥塗。過影之命，或在須臾。地獄之痛，難可具書。今故戒勵，宜崇典謨。其七曰：卿已出家，不可自寬。形雖鄙陋，使行可觀。衣服雖粗，坐起令端。飲食雖疏，出言可餐。夏則忍饑，冬則忍寒。能自守節，不飲盜泉。不肖之供，足不妄前。久處私室，如臨至尊。學雖不多，可齊上賢。如是出家，足報二親。宗族知識，一切蒙恩。今故戒汝，各宜自敦。其八曰：卿已出家，性有昏明。學無多少，要在修精。上士坐禪，中士誦經，下士堪能，塔寺經營。豈可終日，一無所成。立身無聞，可謂徒生。今故誨汝，宜自端情。其九曰：卿已出家，永違二親。道法革性，俗服離身。辭親之日，乍悲乍欣。邈爾絕俗，超出埃塵。當修經道，制己履真。如何無心，更染俗因。經道已薄，行無毛分。言非可貴，德非可珍。師友致累，恚恨日殷。如是出家，損法辱身。思之念之，好自將身。」

安有弟子慧影、寶貴，並列名隋世，影傳燈大論，繼踵法輪。泛跡人間，情多野外。著《傷學》、《存廢》、《厭修》等三論，《傷學》除謗法之愆，《存廢》防奸求之意，《厭修》令改過服道，並藻逸霞爛，煥然可遵。後卒開皇末歲，貴玩閱群典，講律為務。見晉世支敏度合五家《首楞嚴》為一本八卷，又合三家《維摩經》為一本五卷。隋沙門僧就合四家《大集》為一本六十卷，貴乃合三家《金光明》為一本八卷。復請崛多三藏，譯銀主陀羅尼及屬累品，以之成部，沙門彥琮重覆梵本，品部斯具焉。

（據《續高僧傳》卷二十三《護法》）

唐京師大總持寺釋智實

釋智實，俗姓邵氏，雍州萬年〔註177〕人也。童稚兒戲，譎詭超異，預有談論，必以佛理為言先。十一出家，住大總持寺。聽敘玄奧，登共器之。隨以小緣，而能通暢宏遠。自《涅槃》、《攝論》、《俱舍》、《毗曇》，皆鏡其深義，開其關鑰。兼以思力堅明，才氣雄雅。武德之歲，初平鄭國。三大法師慧乘、道宗、辯相等，西赴京師，主上時為秦王，威明寓內，志奉釋門，乃請前三德並京邑，能論之士二十餘僧，在弘義宮，通霄法集。實年十三，最居下座。上命令對論，發言清卓，驚絕前聞。新至諸僧，無敢繼響。上及諸王異聲同歎曰：「此小師最俊烈，後必紹隆三寶矣。」實眉間白毫可數寸，光映顏額。沙門吉藏摩其頂、捋其毫曰：「子有異相，當躡跡能仁，恨吾老矣，不見成德。」武德七年，獫狁孔熾，屢舉烽爟，前屆北地官軍相拒。有僧法雅，夙昔見知，武皇通重給其妻媵，任其愆溢，僧眾惘然，無敢陳者。奏請京寺驍捍千僧用充軍伍，有敕可之，雅即通聚簡練，別立團隊，既迫王威寂無抗拒。實時年二十有一，深究雅懷，恐興異度，事或彰陳，必累大法。乃致書於雅曰：「與子同生像季，共屬陵遲，悲六道之紛然，愍四生之未悟。子每遊鳳闕，恒遇龍顏，理應灑甘露於帝心，蔭慈雲於含識，何乃起善星之勃見，鼓調達之噁心，令善響沒於當時，醜跡揚於後代，豈不以朝含安忍，省納芻蕘，恣此愚情，述斯頑見，嗟乎！可悲實傷其類。且自多羅既斷，終不更生，折石已分，義無還合，急持衣缽，早出伽藍，使清濁異流，蘭艾殊別，使群臣息於譏論，梵志寂於謗聲，定水噎而更通，慧燈晦而還照，此言至矣。想見如流。」雅得書逾怒，科督轉切，備辦軍器，剋日將發。實騰入其眾，大哭述斯乖逆，壞大法輪，即是魔事。預是千僧同時號叫，聽者寒心下淚。實遂擒撮法雅，毆擊數拳告云：「我今降魔，使邪正有據。」雅以事聞帝云：「此道人大粗，付法推刻。」即被枷禁，初無怖色，將欲加罪。僕射蕭瑀等奏稱精進有聞，敕乃罷令還俗，所選千人並停復寺。實雖處俗壤，而兵役得停，欣泰其心，曾無憾結。

貞觀元年，敕遣治書侍御史杜正倫，撿挍佛法，清肅非濫。實恐法雅猶乘先計濫及清徒，乃致書於使曰：「俗僧智實白，實懷橘之歲，陟清信之名，採李之年，染息慈之位，雖淺智褊能，然感希先達。竊見化度寺僧法雅，善因曩世，受果今生，如安上之遊秦，似遠公之入晉，理應守護鵝之行，持結草之

〔註177〕即陝西西安。

心，思報皇王之恩，奉酬覆載之德。」乃於支提靜院，恒為宰殺之坊；精舍林中，鎮作妻孥之室。脫千僧之服，四海愴動地之悲；謗七佛之經，萬國嗟訴天之怨。自漢明感夢摩滕入洛已來，無數名人頗曾聞也。皇帝受禪，撫育萬方，欲使王道惟清，法海無穢，公策名奉節，許道亡身，除甘蔗之災，拔空腹之樹，使禪林鬱映，慧苑扶疏，茂實嘉聲，振於邦國。寧可忍斯邪佞，仍捧鉢於祇桓，棄我貞廉，絕經行於靈塔，龍門深濬，奉見無由。天意高懸，流問何日。惟公鑒同水鏡，智察幽微，仰願拯驚翼於華箱，濟涸鱗於窮轍，輕以忏陳，但增悚懼。後法雅竟以狂狷被誅。倫以事聞，乃下敕云：「智實往經論告法雅，預知粗勃，自還俗已來，又不虧戒行，宜依舊出家。」因返寺房，綜括前業，招討幽致，有譽京室。十一年，駕往洛州，下詔云：「老君垂範，義在清虛，釋迦貽則，理存因果。求其教也，汲引之跡殊塗；求其宗也，弘益之風齊致。然大道之行，肇於遂古，源出無名之始，事高有形之外。邁兩儀而運行，包萬物而亭育，故能經邦致治，反樸還淳。至如佛教之興，基於西域，逮於後漢，方被中土。神變之理多方，報應之緣匪一，洎乎近世，崇信滋深，人冀當年之福，家懼來生之禍，由是滯俗者聞玄宗而大笑，好異者望真諦而爭歸。始波湧於閭里，終風靡於朝廷。遂使殊俗之異鬱為眾妙之先，諸華之教翻居一乘之後。流遁忘返，於茲累代。今鼎祚克昌，既憑上德之慶，天下大定亦賴無為之功。宜有解張，闡茲玄化。自今已後，齋供行立。至於稱謂，道士、女道士可在僧尼之前，庶敦反本之俗，暢於九有，貽諸萬葉。時京邑僧徒各陳極諫，語在別紀。實惟像運湮沈，開明是屬，乃攜大德法常等十人，隨駕至闕。上表曰：「法常等言。法常等年迫桑榆，始逢太平之世；貌同蒲柳，方值聖明之君。竊聞父有諍子，君有諍臣。法常等雖預出家，仍在臣子之例。有犯無隱，敢不陳之。伏見詔書，國家本係出自柱下，尊祖之風形於前典，頒吾天下無德而稱。令道士等處僧之上，奉以周施，豈敢拒詔。尋老君垂範，治國治家，所佩服章，亦無改異。不立觀宇，不領門徒，處柱下以真全，隱龍德而養性。智者見之謂之智，愚者見之謂之愚，非魯司寇莫之能識。今之道士不遵其法，所著衣服並是黃巾之餘，本非老君之裔，行三張之穢術，棄五千之妙門，反同張禹，漫行章句。從漢魏已來，常以鬼道化於浮俗，妄託老君之後，實是左道之苗。若位在僧之上，誠恐真偽同流，有損國化。如不陳奏，何以表臣子之情。謹錄道經及漢魏諸史佛先道後之事，如前伏願。」天慈曲垂聽覽，敕遣中書侍郎岑文本宣敕語僧等，明詔久行，不伏者與杖。諸大德等咸思命難，飲氣吞聲。實乃勇身，先見帝云：「不伏此理，萬刃之下甘心受罪。」遂杖之放還，抱思旋京，晦跡華邑，處於渭陽之三原焉。信心之侶，敬奉如雲，情計莫因，遂感氣疾，知命非久，欲與故人相別。而生不騎乘，乃令弟子四人各執床角輿至本寺，精爽不雜，召諸知友執手訣云，實以虛薄忝廁僧儔，一期既至，知復何述。但恨此身虛死，未曾為法，以為慨然。近夢阿私陀仙見及云：「常得出家，想非徒說。」少時卒於大總持寺，春秋三十有八，即貞觀十二年正月也。實自生能不入市廛，不執錢寶，不求利涉，三衣瓶鉢，常不離身。雖當日往還，而始無輒離。志行嚴肅，殊有軌度，攝誘多方，故四遠道俗、逃放之僧多依附之。親侍沙門七人，皆供承有敘，通共嘉焉。總持故塔，修奉者希。實香燈供養以為己業，病轉就篤。滯水不通，已經旬日。侍人非時進漿，實曰：「大聖垂誡，其可欺乎，吾見臨終犯戒者多矣，豈使累劫之誡而陷於一咽者哉。」遂閉氣而止。又問以終事，答云：「譬如彎弓放矢，隨處即落，觀於山水未有親疏之心，任時量處省事為要。」乃葬南郊僧墓中，斯亦達性之一方矣。終後三原信士，方三十餘里皆為立靈廟。夜別四五百人，聚臨如喪厥親，迄於百日，眾方分散。

（據《續高僧傳》卷二十四《護法》）

唐終南山至相寺釋弘智

釋弘智，姓萬氏，始平槐里鄉人。隋大業十一年，德盛鄉閭，權為道士，因入終南山。絕粒服氣，期神羽化。形骸枯悴，心用飛動。乃入京至靜法寺遇惠法師，問以喻道之方，惠曰：「有生之本，以食為命，假糧粒以資形，托津通以適道，所以古有繫風捕影之論，仙虛藥誤之談，語事信然，幸無惑也。」乃示以安心之要，遣槩之方。義寧〔註178〕元年，委擲黃冠，入山修業。武德之始，天下大同，佛道二門，峙然雙列。智乃詣省申訴，請隸釋門，並陳理例，朝宰咸穆，遂得貫入緇伍，隨情住寺。而性樂幽棲，乃於南山至相寺而居焉。周歷講會，亟經炎燠。神用通簡，莫不精詣。然而性立虛融，慈矜在務。陶甄士俗，延納山賓。岩隱匱乏之流，飛走饑虛之類。咸贍資餱粒，錫以貝泉。雖公格嚴斷，寺制深約，而能攜引房宇，同之窟穴泰，斯亦叔代匡護之開士也。滅後遂絕，此蹤惜哉。故其所獲法利，積散不窮，弘誘博愛，為而不

〔註178〕義寧：隋恭帝楊侑的年號，即公元617～618年。

侍。加之以忍邦行事，音聲厥初，開務通識，非斯莫曉。故凡有福會必以簫鼓為先，致令其從如雲真俗不爽於緣悟矣。講《華嚴》、《攝論》等。以永徽〔註179〕六年五月九日終於山寺，春秋六十有一。露骸林下，收骨焚散，遵餘令也。門人散住諸寺者，咸謹卓正行，不墜遺風，重誨誘之劬勞，顧復之永沒。乃共寫八部《般若》，用崇屺岵之恩，又建碑一區，陳於至相寺山外，二丈四尺，寶德寺莊所。

（據《續高僧傳》卷二十四《護法》）

唐雍州義善寺釋法順

釋法順，姓杜氏，雍州萬年人。稟性柔和，未思沿惡，辭親遠戍，無憚艱辛。十八棄俗出家，事因聖寺僧珍禪師，受持定業。珍姓魏氏，志存儉約，野居成性。京室東阜，地號馬頭，空岸重邃，堪為靈窟。珍草創伊基，勸俗修理，端坐指撝，示其儀則。忽感一犬，不知何來，足白身黃，自然馴擾，徑入窟內，口銜土出。須臾往返，勞而不倦。食則同僧，過中不飲，即有斯異，四遠響歸，乃以聞上。隋高重之，日賜米三升，用供常限，乃至龕成，無為而死，今所謂因聖寺是也。順時躬睹斯事，更倍歸依，力助締構，隨便請業。末行化慶州〔註 180〕，勸民設會，供限五百，及臨齋食，更倍人來，供主懼焉。順曰：「無所畏也。」但通周給而莫委供所，由來千人皆足。嘗有清河張弘暢者，家畜牛馬，性本弊惡，人皆患之，賣無取者。順示語慈善，如有聞從，自後更無抵齧，其導發異類為如此也。常引眾驪山，夏中棲靜，地多蟲蟻，無因種菜。順恐有損害，就地示之，令蟲移徙。不久往視，如其分齊，恰無蟲焉。順時患腫，膿潰外流，人有敬而𠯗者，或有以帛拭者，尋即差愈，餘膿發香，流氣難比，拭帛猶在，香氣不歇。三原縣民田薩埵者，生來患聾，又張蘇者，亦患生啞，順聞命來，與共言議，遂如常日，永即痊復。武功縣僧毒龍所魅，眾以投之，順端拱對坐，龍遂託病，僧言曰：「禪師既來。」義無久住，極相勞嬈，尋即釋然。故使遠近瘴癘淫邪所惱者，無不投造。順不施餘術，但坐而對之，識者謂有陰德所感，故幽靈偏敬致，其言教所設，多抑浮詞，顯言正理。神樹鬼廟，見即焚除。巫覡所事，躬為並儅，禎祥屢見，絕無障礙，其奉正也如此。而篤性綿密，情兼泛愛，道俗貴

〔註179〕永徽：唐高宗李治的年號，即公元650～655年。
〔註180〕慶州：古地名，範圍大致在今甘肅省慶陽市和寧夏回族自治區南部一帶。

賤，皆事邀延，而一其言問，胸懷莫二。或複重痼難治，深願未果者，皆隨時指示，普得遂心。時有贊毀二途，聞達於耳，相似不知，翻作余語，因行南野，將度黃渠，其水泛溢，厲涉而度。岸既峻滑，雖登還墮，水忽斷流，便墮陸度。及順上岸，水尋還復，門徒目睹而不測其然也，所以感通幽顯，聲聞朝野。多有鄙夫，利其財食。順言不涉世，全不留心，隨有任用，情志虛遠，但服粗弊，卒無兼副，雖聞異議，仍大笑之，其不競物情又若此也。今上奉其德，仰其神，引入內禁，隆禮崇敬。儲宮王族、懿戚、重臣，戒約是投，無爽歸禁。以貞觀十四年，都無疾苦，告累門人，生來行法，令使承用。言訖，如常坐定於南郊義善寺，春秋八十有四。臨終，雙鳥投房，悲驚哀切。因即坐送於樊川之北原，鑿穴處之。京邑同嗟，制服亙野，肉色不變，經月逾鮮。安坐三周，枯骸不散，自終至今。恒有異香，流氣屍所，學侶等恐有外侵，乃藏於龕內。四眾良辰，赴供彌滿。

弟子智儼，名貫至相，幼年奉敬，雅遵余度。而神用清越，振績京皋。《華嚴》、《攝論》，尋常講說，至龕所化導鄉川，故斯塵不終矣。

（據《續高僧傳》卷二十五《通感》）

唐雍州梁山沙門釋又德

釋叉德，姓徐，雍州醴泉人。形質長偉，秀眉骨面，立履清白，服粗素衣。而放言來事，多所弘獎。年有兇暴，毒勵流者，必先勸四民，令奉三寶，其所施設，或禮佛設齋，或稱名念誦，用其言者，皆攘災禍。有不信者，莫不殃終。預記未然，略如對目。時遭亢旱，懼而問焉，叉以手指撝，某日當雨，但齊某處。約時雨至，必如其言。或蝗暴廣狹，澤潤淺深，事符明鏡，不漏纖失，且執志清慎，不濫刑科。力所未行，不受其法，故壯年在道，惟遵十戒，而於篇聚雜相，多所承修。末於九峻山南，造阿耨達池，並鐫石缽，即於池側用濟眾生。以貞觀十二年卒於山舍，百姓感焉，為起白塔，苕然上表。

（據《續高僧傳》卷二十五《通感》）

唐京師辯才寺釋智則

釋智則，姓馮，雍州長安人。二十出家，止辯才寺，聽凝法師《攝論》四十餘遍。性度掉舉，僅絕覲採，恒披敗納，裙垂膝上，有問其故，則云：「衣長多立耳。」遊浪坊市，宿止寺中，銷聲京邑，將五十載。財法食息，一同僧伍。房施單床，上加以薦，瓦碗木匙，餘無一物。或見其襤縷為經營者，隨得服用，言終不及。則雖同僧住，形有往來，門無開閉，同房僧不知靈異，號為狂者。則聞之仰面笑曰：「道他狂者，不知自狂。」出家離俗，只為衣食。往往遮障，鎖門鎖櫃，費時亂業，種種聚斂，役役不安，此而非狂，更無狂者，乃撫掌大笑，則性嗜餺飽。寺北有王摩訶家，恒令辦之，須便輒往，因事伺候，兩處俱見。方委分身。而言行相投，片無瑕謬。自貞觀來，恒獨房宿竟夜端坐，嘅嗽達曙，余親目見，故略述其相云。

（據《續高僧傳》卷二十五《通感》）

唐京師律藏寺釋通達

釋通達，雍州人。三十出家，棲止無定。初辭世壞，遍訪明師，委問道方，皆無稱悅。乃入太白山，不齎糧粒，不擇林岩，饑則食草，息則依樹，端坐思玄，動逾晦序。意用漠漠，投解無歸。經跨五年，棲遑靡息。因以木打塊，塊破形銷，既睹斯緣，廓然大悟。晚住京師律藏寺，遊聽大乘，情量虛蕩。一裙一帔，布納重縫。所著麻鞋，經三十載。繒帛雜飾，未曾冠體。冬夏一服，不蔽冰炎。常於講席，評敘玄奧，而不肖之夫，言行矛楯。及至飲啖，無異俗人，達曰：「大乘之學，豈其爾耶，若指聖懷，斯實凡庶，餘不同也。」左僕射房玄齡，聞而異焉。迎至第中，父事隆重，而達體；道為功性，不拘檢。或單裙露腹，或放達餘言，玄齡以風表處之，不以形言致隔，其見貴如此也。常以飲水噉菜，任性遊縱，或攬折蒿藋，生宛而食。至於桃杏瓜果，必生吞皮核，人問所由，云：「信施難棄也。」貞觀已來，稍顯神異。往至人家，歡笑則吉，愁慘必凶，或索財賄，或索功力。隨命多少，則須依送。若違其語，後失過前。有人騎驢，歷寺遊觀，達往就乞，惜而不施，其驢尋死，斯例不一也。故京室貴賤，咸宗事之。福禍由其一言，說導唯存離著，所得財利，並營寺宇。大將軍薛萬均〔註181〕，初聞異行，迎宅供養，百有餘日，不違正軌。忽於一夜，索食欲噉，初不與之，苦求不已，試與遂食。從爾已後，稍改前跡，專顯變應，其行多僻。欲往入內宿，將軍兄弟大怒，打之幾死。仰而告曰：「卿已打我，身肉都毀，血污不淨，可作湯洗，待沸湧已。」脫衣入鑊，

〔註181〕薛萬均：唐朝將領，《新唐書》卷九十四有傳。

狀如冷水，旁人怖之，猶索加火。遂合宅驚奉，恣其寢處。曾負人錢百有餘貫，後既辦得，無人可送。乃將錢寺門伺覓行人，隨負多少，倩達西市。眾皆止之，而達付而不禁，及往勘償，不失一文。斯達量虛懷，定難準也。時逢米貴，欲設大齋，乃命寺家，多令疏請。及至明旦，來赴數千，而供度闃然，不知何擬，大眾咎之。達曰：「他許送供，計非妄語。」臨至齋時，僧徒欲散。忽見熟食美膳，連車接輿，充道而來。即用施設，乃大余長，並供僧庫，都不委其所從來。食訖，須臾人車不見。今盛業京輦，朝野具瞻，敘事而舒，故不曲盡。

（據《續高僧傳》卷二十五《通感》）

唐京師法海寺釋法通

釋法通，姓闞，京兆鄠人〔註 182〕。小出家，極尪弱。隨風偃仆，似任羅綺，由是同侶頗輕之。通輒流淚。一朝對觀音像慨慷曰：「通聞菩薩聖鑒，所願克從，乞垂提誘，免斯輕侮。」因斯誦《觀音經》，晝夜不捨。後歲餘，歸本生覲母，旦食訖，假寐於庭樹下。少間口中，涎沫流液，向有三升，母以為物忤，遽呼覺問：「何事如此？」通曰：「向見有人遺三驢馱筋，通啖始一驢。」娘呼遂覺，餘二失之。自爾覺身力雄勇，肌膚堅韌，密舉大木、石不以為重。寺有僧戡者，膂力之最，通竊取袈裟，安在柱下，戡初不見，謂是神鬼所為。通笑為舉梁抽取，戡大駭服。有大石臼重五百餘斤，通於南山負來供僧用，今見在貯水施禽鳥。隋高祖重之。有西蕃貢一人云大壯，在北門試相撲無得者。帝頗恧之云：「大隋國無有健者。」召通來令相撲，通曰：「何處出家，人為此事。」必知氣力，把手即知，便喚彼來。通任其把捉，其人努力把捉，通都不以為懷。至通後捉，總攬兩手急搦，一時血出外濆，彼即蟠臥，在地乞命。通放之曰：「我不敢殺捉，恐爾手碎去。」於是大伏。舉朝稱慶，京邑弄力者，聞而造之。通為把豆麥便碎，倒曳車牛卻行。當時壯士命為天力士也。煬帝末，避亂隱南山，乃負一具，磑並櫝子，大神通也。未幾丁母憂，出山歸葬，事了返山。雖力兼百夫，未曾忤物，精誠節約，時輩推之。以武德初卒，春秋五十六。

（據《續高僧傳》卷二十五《通感》）

〔註 182〕即陝西戶縣。

唐京師弘善寺釋法曠

釋法曠，姓駱，雍州咸陽人。少有異節，偏愛儒素，後聽弘善寺榮師大論，榮即周世道安之弟子也。創染玄業，便悟非常，資學之勤，不出門院。年十六，講解前論，道穆京華，酬答泠然，無替玄理，專修念定，無涉時方，《無量壽經》世稱難誦，曠聞試尋，一日兩卷，文言闇了，故其誦持，罕有加者。自爾藏經披讀，以為恒任，文理所指，問無不知，顧諸布薩，人多說欲，乃自勵心力，立誦千遍，數旬之間，便得滿願，性樂儉約，不尚華靡，故其房中無有氈席，滿院種莎，用擬隨坐頭陀行也。勖誡門人，惟存離著，以末代根機隨塵生染故也。年登知命，便袒三衣，瓶鉢以外，一無受畜，卓然正色，懍潔風霜。人有與語，惟言離著，至時分衛，一食而已。每曰：「余惟生死滯著，無始輪迴，生厭者希，死厭又少，常懷怏怏，欲試捨之。」以貞觀七年二月二十一日入終南山，在炭谷內四十里許，脫衣掛樹，以刀自刎，既獨自殞，無由知處，諸識故等。至八月中，方始訪得，其遺身頌云。

又近有汾州大乘寺僧忘名者，常厭生死，濁世難度，誓必捨身，先節食服香，至期道俗通集，香花幡蓋列衛，而往西山子夏學岩，面西斂容，眾唱善哉。咸送隨喜，乃放身懸壑，至地起坐，及眾就視，方知已逝。博訪遺身，其類甚眾，且隨疏出，示為一例。餘者蓋闕。

（據《續高僧傳》卷二十七《遺身》）

唐終南豹林谷沙門釋會通

釋會通，雍州萬年御宿川人。少欣道檢，遊泊林泉，苦節戒行，是其顧習。投終南豹林谷，潛隱綜業，讀法《華經經》至《藥王品》，便欣厭捨，私集柴木，誓必行之。以貞觀末年，靜夜林中，積薪為窟，誦至藥王，便令下火，風驚焰發，煙火俱盛，卓爾加坐，聲誦如故。尋爾西南有大白光流入火聚，身方偃僕，至曉身火俱滅，乃收其遺骨為起白塔，勒銘存焉。貞觀之初，荊州有比丘尼姊妹同誦《法華》，深厭形器，俱欲捨身，節約衣食，欽崇苦行，服諸香油，漸斷粒食，後頓絕谷，惟噉香蜜，精力所被，神志鮮爽，周告道俗，剋日燒身。以貞觀三年二月八日於荊州大街置二高座，乃以蠟布纏身至頂，惟出面目，眾聚如山，歌贊雲會，誦至燒處，其姊先以火柱妹頂，請妹又以火柱姊頂，清夜兩炬，一時同耀，焰下至眼，聲相轉明，漸下鼻口，方乃歇滅，恰至明晨，合坐洞舉，一時火花，骸骨摧朽，二舌俱存，合眾欣嗟，為起高塔。近并州城西有一書生，年二十四五，誦《法華經》，誓燒供養，乃集數束蒿幹籠之，人問其故，密而不述。後於中夜放火自燒，及人往救，火盛已死，乃就加柴薪，盡其形蔭。近有山僧善導者，周遊寰寓，求訪道津，行至西河，遇道綽部，惟行念佛，彌陀淨業，既入京師，廣行此化，寫《彌陀經》數萬卷，士女奉者，其數無量。時在光明寺說法，有人告導曰：「今念佛名定，生淨土不。」導曰：「念佛定生。」其人禮拜訖，口誦南無阿彌陀佛，聲聲相次，出光明寺門，上柳樹表，合掌西望，倒投身下，至地遂死，事聞臺省。

（據《續高僧傳》卷二十七《遺身》）

唐終南山悟真寺釋法誠

釋法誠，姓樊氏，雍州萬年人。童小出家，止藍田王效寺事沙門僧和。和亦鄉族所推，奉之比聖。嘗有人慾害，夜往其房，見門內猛火騰焰升帳，遂即退悔。性飲清泉，潔清故也，人或弄之，密以羊骨沉水，和素不知，飲便嘔吐，其冥感潛識為若此矣。誠奉佩訓，勖講《法華經》，以為恒任。又謁禪林寺相禪師，詢於定行，而德茂時宗，學優眾仰。晚住雲花綱理僧鎮，隋文欽德，請遵戒範，乃陳表固辭，薄言抗禮，遂負笈長驅，歷遊名嶽，追蹤勝友，咸承志道。因見超公隱居幽靜，乃結心期棲遲藍谷，處既局狹，纔止一床，旋轉經行，恐顛深壑，便剗跡開林，披雲附景，茅茨葺宇，甕牖疏簷，情事相依，欣然符合，今所謂悟真寺也。《法華》三昧，翹心奉行，澡沐中表，溫恭朝夕，夢感普賢，勸書大教，誠曰：「大教大乘也，諸佛智慧，所謂般若。」於即入淨行道，重惠匠人，書八部般若，香臺寶軸，莊嚴成就。又於寺南橫嶺造華嚴堂，堙山闐谷，列棟開甍，前對重巒，右臨斜谷，吐納雲霧，下瞰雷霆，余曾遊焉，實奇觀也。又竭其精志，書寫受持。弘文學士張靜者，時號筆工，罕有加勝，乃請至山舍，令受齋戒，潔淨自修，口含香汁，身被新服，然靜長途寫經不盈五十，誠料其見財，兩紙酬其五百，靜利其貨，竭力寫之，終部以來，誠恒每日，燒香供養，在其案前，點畫之間，心緣目睹，略無遺漏，故其克心鑽注，時感異鳥，形色希世，飛入堂中，徘徊鼓舞。下至經案，復上香爐，攝靜住觀，自然馴狎，久之翔逝，明年經了，將事興慶。鳥又飛來，如前馴擾，鳴唳哀亮。貞觀初年，造畫千佛，鳥又飛來登上匠背，後營齊供，慶諸經像。日次中時，怪其不至，誠顧山岑曰：「鳥既不至，誠吾無感也。」將不兼諸穢行，致有此徵，言已欻然飛來，旋環鳴囀入香水中，奮迅而浴，中後便逝。前如此者，非復可述，素善翰墨，鄉曲所推，山路岩崖，勒諸經偈，皆其筆也。手寫《法華》，正當露地，因事他行，未營收舉。屬洪雨滂注，溝澗波飛，走往看之，而合案並幹，余便流潦，嘗卻偃橫松，遂落懸溜，未至下澗，不覺已登高岸，無損一毛。又青泥坊側有古佛龕，周氏瘞藏，今猶未出。誠夜夢其處，大有尊形，既覺往開，恰獲古龕像，年月積久，並悉剝壞，就而修理，道俗稱善，斯並冥術之功，自誠開發。至貞觀十四年夏末日，忽感余疾，自知即世，願生兜率，索水浴訖，又索終輿，旁自檢校，不許榮厚。恰至月末明相將現，無故語曰：「欲來但入，未假絃歌。」顧侍人曰：「吾聞諸行無常，生滅不住，九品往生，此言驗矣。今有童子相迎，久在門外，吾今去世，爾等佛有正戒，無得有虧，後致悔也。」言已口出，光明照於楹內，又聞異香苾芬而至，但見端坐儼思，不覺其神已逝，時年七十有八。然誠之誦習也，一夏《法華》料五百遍，餘日讀誦，兼而行之，猶獲兩遍，縱有人客要須與語者，非經部度中不他言，略計十年之勤，萬有餘遍。

（據《續高僧傳》卷二十八《讀誦》）

唐京師會昌寺釋空藏

釋空藏，俗姓王氏，先祖晉陽〔註 183〕，今在雍州之新豐焉。母初孕日，自然不食酒肉五辛〔註 184〕。時以同塵身子故，密加異之，既誕育後，靈鑒日陳，情用高遠，讀誦經論，思存拔濟。至年十九，同佛出家，既惟一己二親留礙，乃於父前以身四布，七日不起，恐其命絕，方從所願。即辭向藍田負兒山中，私自剃落。初賫面六斗，擬作月糧，日噉二升，三年不盡。屢感神鼎，自然而至，由是增其禪誦，晨宵無輟，後依止判法師住龍池寺，欽重經論，日誦萬言，前後總計三百餘卷，三論涅槃，探窮岩穴。大業之始，以藏名稱惟遠，道俗所聞，下敕徵延，入住禪定。唐運既興，崇繕法宇，有敕於金城坊建會昌寺，並請大德十人，度僧五十人，永用住持，以藏行德夙彰，又請住焉。供事彌隆，極光恒美，而性樂山水，志存清曠。每年仲春，遊浪林皋，行次玉泉，遂有終焉之思。居止載紀，眾聚如山，說導亡疲，開悟逾

〔註 183〕即今山西太原。

〔註 184〕五辛：佛教用語，指五種有辛味之蔬菜，又作五葷，與酒、肉同為佛弟子所禁食之物。

廣。後為亢旱，經時山泉乃竭，合寺僧眾，咸以驚嗟，藏乃至心祈請，其泉應時還復，遠近道俗，動色相歡。兼又弘操嶽峙，器局川停，不擾榮利，不懷寵辱，濟度群有，不略寸陰，乃鈔摘眾經大乘要句，以為卷軸，紙別五經三經，卷部二十、五十，總有十卷。每講開務，極增成學，聞義兩持，偏無迷忘。夏分常行，方等懺法，賢劫千佛，日禮一遍，常坐不臥，垂三十年。翹勤專注，難加繫跡。以貞觀十六年五月十二日終於會昌，春秋七十有四。遺身於龍池寺側，收骨起塔，觀其讀誦之富，振古罕儔，視其髑骨，兩耳通明，頂有雙孔，眼眶含竅各有三焉。弟子等追惟永往，樹碑於會昌寺中，金紫光祿大夫衛尉卿于志寧為文。

（據《續高僧傳》卷二十八《讀誦》）

唐京師羅漢寺釋寶相

釋寶相，姓馬，雍州長安人。十九出家，清貞棲德，住羅漢寺，專聽《攝論》，深惟妄識之難伏也。無時不諠，乃入禪坊，頭陀自靜，六時禮悔，四十餘年。夜自篤課，誦《阿彌陀經》七遍，念佛名六萬遍。晝讀藏經，初無散捨，後專讀《涅槃》一千八十遍。兼誦金剛般若。終於即世。然身絕患惱休健翕習。冷食粗衣隨得便服。情無憚苦，又志存正業，翹注晨霄，蚤虱流身，不暇觀採，遇患將極，念誦無舍，克至大期，累屬道俗，以念佛為先，西方相待，勿虛度世。又屬當燒散吾屍，不勞銘塔，用塵庸俗，言訖而逝，年八十三，六十二夏。不畜尺財，無勞僧法，

又同寺僧法達者，以誠素見稱，供嚫之直用，寫《華嚴》八部般若，燒香自讀一百餘遍。而生常清潔，不畜門人，單己自怡，食無餘粒，斯亦輕清之高士也。年登七十，便齎所讀經贈同行者，但捧勝天一部以為終老，即擲公名趣雲陽岩中。擁緣送死，經於四載，遂卒彼山，並是即目近事。且夫讀誦徵感，其類繁焉，別有紀傳。故不曲盡，略引數條，示光緒耳。

（據《續高僧傳》卷二十八《讀誦》）

唐上都章敬寺悟空

釋悟空，京兆雲陽人〔註 185〕，姓車氏，後魏拓跋之遠裔也。天假聰敏，

〔註 185〕即陝西淳化。

志尚典墳，孝悌之聲，藹於鄉里。屬玄宗德被遐方，罽賓國願附大唐，遣大首領薩婆遠干與三藏舍利越摩於天寶九載來朝闕庭，請使巡按。明年，敕中使張韜光，將國信行官兼吏四十餘人西邁。時空未出俗名奉朝，授左衛涇州四門府別將，令隨使臣自安西路去。至十二載至犍陀羅國，罽賓東都城也，其王禮接唐使。使回，空篤疾，留犍陀羅。病中發願，痊當出家。遂投舍利越摩落髮，號達摩馱都，華言法界，當肅宗至德二年〔註 186〕也。洎年二十九，於迦濕彌羅國受具足戒，文殊矢涅地為親教師，鄔不羼提為羯磨阿遮利，耶馱裏嬢地為教授，於蒙鞮寺諷聲聞戒，習根本律儀。然北天竺國皆薩婆多學也。後巡曆數年，遍瞻八塔，為憶君親，因諮本師舍利越摩，再三方允。摩手授梵本《十地》、《迴向輪》、《十力》三經，共一夾，並佛牙舍利以贈別。

空行從北路，至睹貨羅國，五十七蕃中有一城，號骨咄國〔註 187〕，城果有小海。空行次南岸，地輒搖動，雲陰雨暴，霆擊雹飛。乃奔就一大樹間，時有眾商咸投其下。商主告眾曰：「誰齎佛舍利異物殊珍耶，不爾，龍神何斯忿怒？有則投於海中，無令眾人惶怖，如藏匿者，自貽伊咎。」空為利東夏之故，潛乞龍神宥過。自卯達申，雨雹方霽。回及龜茲，居蓮華寺，遇三藏法師勿提提羼魚，善於傳譯。空因將《十力經》夾請翻之。尋抵北庭〔註 188〕，大使覆命，空出梵夾，于闐三藏戒法〔註 189〕為譯主，空證梵文並度語，翻成《十地迴向輪經》。事訖，隨中使段明秀，以貞元〔註 190〕五年己巳達京師，敕於躍龍門使院安置。進上佛牙、舍利、經本，宣付左神策軍繕寫，功德使竇文場寫畢進呈，敕署空壯武將軍、試太常卿。乃歸章敬寺，次返雲陽問二親，墳樹已拱矣。凡所往來，經四十年，於時已六十餘。所翻經三本，共十一卷，翻經

〔註 186〕即唐肅宗李亨，唐玄宗李隆基子，公元 756～761 年在位。至德：唐肅宗的年號，即公元 756～758 年。

〔註 187〕骨咄國：見《新唐書》卷二二一下《西域傳》，又見卷四三下《地理志》。玄奘《大唐西域記》作珂咄羅，在帕米爾高遠西北庫拉伯東北。

〔註 188〕北庭：唐方鎮名。唐玄宗先天元年（公元 712 年）始設，轄境在伊州以西，故稱伊西（伊州地處瓜州（今甘肅安西東南）、沙州（今甘肅敦煌縣城西）與西州之間）；治所在北庭都護府，節度使例兼北庭都護，故通稱北庭，亦稱伊西北庭。統轄伊、西、庭三州以及北庭都護府境內諸軍鎮、守捉。開元後與磧西四鎮節度使時分時合。貞元六年（公元 790 年）地入吐蕃。

〔註 189〕戒法：佛教語，謂如來所制戒律之法。有五戒、八戒、十戒、具足戒等，後亦泛指戒律。

〔註 190〕貞元：唐德宗李适的年號，即公元 785～805 年。

大德圓照《續開元錄》皆編入藏，復記空之行狀焉。

（據《宋高僧傳》〔註 191〕卷三《譯經》）

唐京兆大慈恩寺窺基

釋窺基，字洪道，姓尉遲氏，京兆長安人也。尉遲之先與後魏同起，號尉遲部，如中華之諸侯國，入華則以部為姓也。魏平東將軍說六代孫孟都生羅迦，為隋代州西鎮將，乃基祖焉。考諱宗，唐左金吾將軍松州都督江由縣開國公。其鄂國公德則諸父也，唐書有傳。基母裴氏，夢掌月輪吞之，寤而有孕。及乎盈月誕彌，與群兒弗類，數方誦習，神晤精爽。奘師始因陌上見其眉秀目，朗舉措疏，略曰：「將家之種，不謬也哉。脫或因緣，相扣度為弟子，則吾法有寄矣。」復念在印度時計回程次，就尼犍子邊占得卦甚吉：師但東歸，哲資生矣。遂造北門將軍，微諷之出家。父曰：「伊類粗悍，那勝教詔？」奘曰：「此之器度，非將軍不生，非某不識。」父雖然諾，基亦強拒。激勉再三，拜以從命，奮然抗聲曰：「聽我三事，方誓出家，不斷情慾、葷血、過中食也。」奘先以欲勾牽，後令入佛智，佯而肯焉。行駕累載前之所欲，故關輔語曰三車和尚。即貞觀〔註 192〕二十二年也。一基自序云：「九歲丁艱，漸疏浮俗。」若然者，三車之說，乃厚誣也。至年十七，遂預緇林。及乎入法，奉敕為奘師弟子，始住廣福寺。尋奉別敕選聰慧穎脫者，入大慈恩寺，躬事奘師，學五竺語，解紛開結，統綜條然。聞見者無不歎伏。凡百犍度跋渠，一覽無差，寧勞再憶。年二十五，應詔譯經，講通大小乘教三十餘本。創意留心，勤勤著述，蓋切問而近思，其則不遠矣。造疏計可百本。奘所譯《唯識論》，初與昉、尚、光四人同受，潤色、執筆、撿文、纂義，數朝之後，基求退焉。奘問之，對曰：「夕夢金容，晨趨白馬，雖得法門之糟粕，然失玄源之醇粹，某不願立功於參糅。若意成一本，受責則有所歸。」奘遂許之。以理遣三賢，獨委於基，此乃量材授任也。時隨受撰錄所聞，講周疏畢。無何，西明寺測法師亦俊朗之器，於《唯識論》講場得計於閽者，賂之以金，潛隱厥形，聽尋聯綴，亦疏通論旨。猶數座方畢，測於西明寺鳴椎集僧，稱講此論。基聞之，慚居其後，不勝悵怏。奘勉之曰：「測公雖造疏，未達因明。」遂為講陳那之論，基大善三支，縱橫立破，述義命章，前無與比。又云，請奘師唯為己講《瑜伽

〔註 191〕【宋】贊寧：《宋高僧傳》，范祥雍點校，北京：中華書局，1987 年。

〔註 192〕貞觀：唐太宗李世民的年號，即公元 627～649 年。

論》，還被測公同前盜聽，先講。奘曰：「五性宗法，唯汝流通，他人則否。」

後躬遊五臺山，登太行，至西河古佛宇中宿，夢身在半山，岩下有無量人唱苦聲，冥昧之間，初不忍聞。徙步陟彼層峰，皆琉璃色，盡見諸國土。仰望一城，城中有聲曰：住住，咄，基公未合到此。斯須，二天童自城出，問曰：「汝見山下罪苦眾生否。」答曰：「我聞聲而不見形。」童子遂投與劍一鐔曰：「剖腹當見矣。」基自剖之，腹開，有光兩道暉映山下，見無數人受其極苦。時童子入城，持紙二軸及筆投之，捧得而去。及旦，驚異未已。過信，夜寺中有光，久而不滅，尋視之數軸發光者，探之得《彌勒上生經》。乃憶前夢，必慈氏令我造疏通暢厥理耳。遂援毫次，筆鋒有舍利二七粒而隕，如吳含桃許大，紅色可愛。次零然而下者，狀如黃梁粟粒，一云：行至太原傳法，三車自隨，前乘經論箱帙，中乘自御，後乘家妓女僕食饌。於路間遇一老父，問乘何人，對曰：「家屬。」父曰：「知法甚精，攜家屬偕，恐不稱教。」基聞之，頓悔前非，翛然獨往。老父則文殊菩薩〔註 193〕也，此亦卮語矣。隨奘在玉華宮參譯之際，三車何處安置乎？

基隨處化徒，獲益者眾。東行博陵，有請講《法華經》，遂造《大疏》焉。及歸本寺，恒與翻譯舊人往還。屢謁宣律師。宣每有諸天王使者執事，或冥告雜務。爾日基去方來，宣怪其遲暮，對曰：「適者大乘菩薩在此，善神翼從者多，我曹神通為他所制故爾。」以永淳〔註 194〕元年壬午示疾，至十一月十三日長往於慈恩寺翻經院，春秋五十一，法臘無聞。葬於樊村北渠，祔三藏奘師塋隴焉，弟子哀慟，餘外執紼，會葬黑白之眾盈於山谷。

基生常勇，進造彌勒像，對其像日誦《菩薩戒》一遍，願生兜率，求其志也。乃發通身光瑞，爛然可觀。復於五臺造玉石文殊菩薩像，寫金字《般若經》畢，亦發神光焉。弟子相繼取基為折衷，視之如奘在焉。太和〔註 195〕四年庚戌七月癸酉，遷塔於平原，大安國寺沙門令儉檢校塔亭，徙棺，見基齒有四十根不斷玉如。眾彈指言是佛之一相焉。凡今天下佛寺圖形，號曰百本疏主真，高宗大帝制贊，一云玄宗。然基魁梧堂堂，有桓赳之氣，而慈濟之心，誨人不倦，自天然也。其符彩則項負玉枕，面部宏偉，交手十指若印契

〔註 193〕文殊菩薩：即文殊師利或曼殊室利，佛教四大菩薩之一，釋迦牟尼佛的左脅侍菩薩，代表聰明智慧。因德才超群，居菩薩之首，故稱法王子。

〔註 194〕永淳：唐高宗李治的年號，即公元 682～683 年。

〔註 195〕太和：唐文宗李昂的年號，又稱大和，即公元 827～835 年。

焉。名諱上字多出沒不同者，為以慈恩傳中云：奘師龍朔三年於玉華宮譯《大般若經》終筆，其年十一月二十二日令大乘基奉表奏聞，請御製序。至十二月七日，通事舍人馮義宣由此云：靈基，《開元錄》為窺基，或言乘基，非也。彼曰大乘基，蓋慧立、彥悰不全斥，故云大乘基，如言不聽泰耳，猶謹遣大乘光奉表同也。今海內呼慈恩法師焉。

（據《宋高僧傳》卷四《義解》）

唐京師西明寺道世

釋道世，字玄惲，姓韓氏，厥先伊闕〔註 196〕人也。祖代因官為京兆人焉。生且渥潤，漸而聰敏，俄厭眾沙，思參救蟻。二親鍾愛，遏絕其請，久而遂心。時年十二，於青龍寺出家，從執德瓶，止臨欣鑒，律宗研核，書籍鑽尋，特慕上乘，融明實性。於時籍甚，三輔欽歸。顯慶〔註 197〕年中，大帝以玄奘師所翻經論，未幾詔入內，及慈恩寺大德更代行道，不替於時，世亦預其選。及為皇太子造西明寺，爰以英博召入斯寺，時道宣律師當塗行律，世且旁敷，同驅五部之車，共導三乘之軌，人莫我及，道望芬然。復因講貫之餘，仍覽甚深之藏。以為古今綿代，製作多人，雖雅趣佳辭，無足於傳記。由是搴文囿之菁華，嗅大義之瞻卜，以類編錄，號《法苑珠林》，總一百篇，勒成十帙。始從劫量，終乎雜記，部類之前，各序別論。令學覽之人，就門隨部，撿括所知，如提綱焉，如舉領焉。世之用心，周乎十稔。至總章〔註 198〕元年畢軸，蘭臺郎李儼為之都序，此文行於天下。

又著《善惡業報》及《信福論》共二十三卷，《大小乘禪門觀》及《大乘觀》共十一卷，《受戒儀式》、《禮佛儀式》共六卷，《四分律討要》五卷，《四分律尼鈔》五卷《金剛經集注》三卷，十部都一百五十三卷。世頗多著述，未測其終。名避太宗廟諱，多行字耳，故時稱玄惲焉。

（據《宋高僧傳》卷四《義解》）

周京兆崇福寺神楷

釋神楷，姓郭氏，太原人也。即漢末林宗之後，世襲冠裳，後隨父宦於

〔註 196〕伊闕：古地名，即今河南省洛陽市區南約 2 公里處的龍門。
〔註 197〕顯慶：唐高宗李治的年號，即公元 656～661 年。
〔註 198〕總章：唐高宗李治的年號，即公元 668～670 年。

秦，為京兆人也。昆弟六人，楷居其季。幼而聰敏，立志弗群，不樂浮榮，誓求翦落，禮明恂法師為弟子，即大乘恂也。洎乎年滿受具，於經論義理，大小該通，耳聞口誦，譬鮮毛之易染。遂講《攝大乘》、《俱舍》等論，穎晤輩流罕有齊駕。後因講《淨名經》，見古師判處喟然歎曰：「美則美矣，未盡善也。」乃於安陸白趙山撰疏，一云在越州剡石城寺述作素有巧性，於剡溪南岩之下，映水塑貌。今有池，已涸矣，岩下石隙縫間幽暗，然中有木棺者，云是楷殯於此。遊人下窺，歷歷皆睹。又言楷因慈恩西明等寺度公者出家，及翻經論敕，諸道高行才學僧並赴京師，遂應詔而入，配居崇業寺。至天后朝，方行其疏。後卒於此寺，弟子遷塔於南道遙園焉，實大乘基之法門猶子也。

（據《宋高僧傳》卷四《義解》）

唐長安青龍寺道氤

釋道氤，俗姓長孫，長安高陵〔註 199〕人也。父容，殿中侍御史。母馬氏夢五色雲覆頂，因有娠焉。母常聽講讀大乘經，曉夜不輟，意行太任之胎教也。逮乎誕彌，異香芬馥，成於童稚，神氣俊秀，學問詳明。應進士科，一舉擢第，名喧日下，才調清奇，榮耀親裏。後有梵僧扣門分衛，飯訖，願寓宵宿。氤接之談話，言皆詣理，梵僧稱歎。明曉辭訣，方出門，閃然不見。氤由此無調選之心矣，乞願出家。將知良珠度寸，雖有百仞之水不能掩其雲也，何君親而能阻入道之猛別心焉。乃禮京招福寺慎言律師為師，請益無替。及登戒法，旋學律科，又隸經論，如是內外偕通矣。時有興善寺復禮法師善屬文，謂氤曰：「籍汝少俊，可為余造《西方贊》一本。」遂襞紙援毫，略不停綴，斯須已就，其辭典麗。清淨佛國，境物莊嚴，臨文若現前矣。禮師讀訖，顧左右諸德曰：「奇才秀句，吾輩莫能測也。」自後服膺窗案，晝夜精勵，辯給難詘，善於立破。禮師仰其風規，嘗於稠人廣眾中宣言曰：「氤之論端，勢若泉湧。」從此聞天，供奉朝廷。玄宗幸雒，敕與良秀、法修隨駕。御史李竫同請氤於天宮寺講《淨業障經》，其疏亦氤之著述也。時一行禪師國之師匠，過慮將來佛法誰堪捍禦？誰可闡揚？奏召天下英髦學兼內外者集於洛京福先寺，大建論場。氤為眾推許，乃首登座於《瑜伽》、《唯識》、《因明》、《百法》等論，豎立大義六科，敵論諸師茫然屈伏。一行驚異曰：「大法梁棟，伊人應

〔註 199〕即陝西高陵。

焉。余心有憑，死亦足矣。」及乎大駕西還，敕令扈從。乃有小疾，上表，帝降中使賜藥並方詔曰：「法師將息，朕此藥並方甚好，服食必差。所患痊瘉，早來西京。」其顧遇也若此。仍屬此際一行遷神，敕令東宮已下京官九品已上並送至銅人原藍田設齋，推氤表白，法事方畢。宰相張燕公說執氤手曰：「釋門俊彥，宇內罕匹，幸附口錄向所導文一本置於篋笥。」由是其文流行天下也。

開元〔註200〕十八年於花萼樓對御定二教優劣，氤雄論奮發，河傾海注。道士尹謙對答失次，理屈辭殫，論宗乖舛。帝再三歎羨，詔賜絹伍伯匹，用充法施。別集《對御論衡》一本，盛傳於代。後撰《大乘法寶五門名教》並《信法儀》各一卷，《唯識疏》六卷，《法華經疏》六卷，《御注金剛經疏》六卷。初，玄宗注經：至若有人先世罪業應墮惡道，乃至罪業則為消滅。雖提兔翰，頗見狐疑，慮貽謬解之愆，或作余師之義。遂詔氤決擇經之功力，剖判是非。奏曰：「佛力經力，十聖三賢，亦不可測。陛下曩於般若會中，聞薰不一，更沈注想，自發現行。」帝於是豁然若憶疇昔，下筆不休，終無滯礙也。續宣氤造疏矣。四海向風學徒，鱗萃於青龍寺執新疏，聽者數盈千計，至於西明、崇福二寺。講堂悉用香泥，築自水際至於土面，莊嚴之盛，京中甲焉。開元二十八年有疾將終，遣門弟子齎遺表云：「某末品輕生，虛均雨露，得陪緇伍，許自精修。雖常袒右肩，無施舉袂之役，而執錫舒步，得蠲負載之勞。屬以時暢玄功，德揚真化，不謂勤劬慕學，造次養生。今月十六日，苦腸忽加，湯藥無救，泉門自掩，安沐堯風，夜臺一歸，寧逢舜日。有定瘗於蒼隴，無再謁於丹墀云。」時帝覽惻怛，遣中使內給事賈文瑰，將絹五十匹就院弔贈，宣口敕奉問。氤弟子等適聞法師遷神寂滅，痛惜良深，未審擬於何處安厝。賜到絹帛等，聖恩追悼，生榮死哀，光於僧伍，俗壽七十三，僧臘〔註201〕五十三。以其年秋八月十二日葬於終南山陰逍遙園側，白塔存焉。

（據《宋高僧傳》卷五《義解》）

唐京師崇福寺惟慤

釋惟慤，俗姓連氏，齊大夫稱之後，本馮翊人，官居上黨，為潞人也。九歲割愛，冠年納戒，母氏昆弟歸於法門，故慤從其受教，瀾漪內湛，葳蕤外

〔註200〕開元：唐玄宗李隆基年號，即公元713～741年。

〔註201〕僧臘：僧、尼受戒後的年歲。

發。嗜學服勤，必無倦色。乃辭渭陽，尋師隸業，或經筵首席，或論集前驅，或參問禪宗，或附麗律匠。其志淵曠，欲皆吞納之，年臨不惑，尚住神都。因受舊相房公融宅請。未飯之前，宅中出經函云：「相公在南海知南銓，預其翻經，躬親筆受《首楞嚴經》一部，留家供養。今筵中正有十僧，每人可開題一卷。」慤坐居第四，舒經見富樓那問生起義，覺其文婉，其理玄，發願撰疏，疏通經義。及歸院，矢誓寫文殊菩薩像，別誦名號，計一十年，厥志堅強，遂有冥感，忽夢妙吉祥乘狻猊自慤之口入。由茲下筆，若大覺之被善現談《般若》焉。起大曆〔註202〕元年丙午也。及將徹簡，於臥寐中見由口而出，在乎華嚴宗中文殊智也。勒成三卷。自謂從淺智中衍出矣，於今盛行。

一說《楞嚴經》，初是荊州度門寺神秀禪師在內時得本，後因館陶沙門慧震於度門寺傳出慤遇之著疏解之。

（據《宋高僧傳》卷六《義解》）

唐洛京佛授記寺慧苑

釋慧苑，京兆人也。少而秀異，蔚有茂才，厭彼塵寰，投於淨域，禮華嚴法藏為師。陶神練性，未幾深達法義，號上首門人也。有勤無惰，內外該通，華嚴一宗，尤成精博。苑依《寶性論》立四種教，為有四類不識如來藏，如生盲人，則凡夫、聲聞、辟支、初心菩薩也。一迷真異執教，當凡夫；二真一分半教，當二乘『三真一分滿教，當初心菩薩；四真具滿教，當識如來藏者也。諸師處判，或依或違，然其綱領教乘一家之說。次以新譯之經未有音釋，披讀之者取決無從。遂博覽經書，恢張詁訓，撰成二卷，俾初學之流不遠求師，覽無滯句，旋曉字源。然稟從賢首之門，不負庭訓之美也。

（據《宋高僧傳》卷六《義解》）

唐成都府淨眾寺神會

釋神會，俗姓石。本西域人也。祖父徙居，因家於岐，遂為鳳翔人矣。會至性懸解，明智內發，大璞不耀，時未知之。年三十，方入蜀，謁無相大師，利根頓悟，冥契心印。無相歎曰：「吾道今在汝矣。」爾后德充慧廣，鬱為禪宗。其大略寂照滅境，超證離念，即心是佛，不見有身。當其凝閉無象，則土

〔註202〕大曆：唐代宗李豫的年號，即公元766～779年。

木其質。及夫妙用默濟，雲行雨施，蚩蚩群甿，陶然知化，睹貌遷善，聞言革非。至於廓蕩，昭洗執縛，上中下性隨分令入。以貞元十年十一月十二日示疾，儼然加趺坐滅，春秋七十五，法臘三十六。沙門那提得師之道，傳授將來，以十二年二月二十二日門人弟子緇俗遷座於本院之北隅，孺慕師德，號哭之聲，山林為之變色。

初，會傳法在坤維，四遠禪徒臻萃於寺。時南康王韋公皋最歸心於會，及卒，哀咽追仰，蓋粗入會之門，得其禪要。為立碑，自撰文並書，禪宗榮之。

（據《宋高僧傳》卷九《習禪》）

釋元觀

釋元觀，姓袁氏，長安人也。父為河中府掾。母兄為沙門，甚敦道化，見觀幼齡聰慧，風標秀舉，有成人之度，因勸其出家。乃投興善寺。誦經通利。五年得度，乃於律部《俱舍》二本，渙然條理。後出遊方，登諸禪會，明悟真性，如醒宿酲。遂趨衡山，於東臺而止。其道彌昌，冥有所感。恒得神人密送供施，隨其眾寡，不聞有闕。忽一日，神現形再拜曰：「我是此山檀越，常送薄供者，我身是也。」觀問：「汝何業所致。」曰：「我前身曾稱知識，體悟匪全，妄受信施，坐此為神。偶師居此，我曹饋糧，粗副私願。今二十年已足，得遂超度，故來決別也。」觀化緣斯極，囑累禪徒而終，春秋七十九。太和四年十月二日遷塔焉。

（據《宋高僧傳》卷九《習禪》之《慧空傳》）

唐天台山佛窟岩遺則

釋遺則，俗氏長孫，京兆長安人也。祖冽，鄂州司馬，考利涉，隱居金陵。則弱不雜俗，恬恬終日而無所營。始從張懷瓘學草書，獨盡筆妙。雅耽經史，尤樂佛書，以為得吾心。一朝捐家業，從牛頭山慧忠，忠所謂牛頭六祖也。始天竺達磨以釋氏心要至，傳其道者有曹溪能、嵩山秀。學能者謂之南宗學，學秀者謂之北宗學。而信祖又以其道傳慧融，融得之居牛頭，弟子以傳授。由是達磨心法有牛頭學。則既傳忠之道，精觀久之，以為天地無物也，我無物也。雖無物未嘗無物也。此則聖人如影，百姓如夢，孰為死生哉。至人以是能獨照，能為萬物主，吾知之矣。

遂南遊天台，至佛窟岩，蓋薜荔，薦落葉而尸居，飲山流，飯木實而充虛，虎豹以為賓，麋鹿以為徒，兀然如枯。其後劚木者見之轉相告，有慕其道者曰：「道者未有弟子。」相率為築室，圖佛安僧，蔚為精舍焉。故元和已來傳則道者，又自以為佛窟學，佛窟之號自則始也。一坐四十年，大官名侯齎書問訊檀捨，則未嘗有報謝，禮拜者未嘗而作起，時歲在庚戌季夏十有三日，召弟子曰：「汝其勉之。」至十五日夜遂坐歿。是夜山下人聞若山崩，旦望之，則彩雲翔泊於岩上。父老皆泣曰：「師死矣。」已而視之，果然。凡則二十歲為僧臘，五十有八而終。善屬文，始授道於鍾山，序集融祖師文三卷，為《寶誌釋》題二十四章，《南遊傅大士遺風序》又《無生等義》。凡所著述。辭理粲然。其他歌詩數十篇。皆行於世。

則元居瀑布泉西佛窟本院。建龕塔。會昌中例毀之。其院為道門所有。後開元寺僧正法光於咸通〔註203〕乙酉歲遂徙碑於今所。河南尹韓乂偽碑文。

（據《宋高僧傳》卷十《習禪》）

唐衡山昂頭峰日照

釋日照，姓劉氏，岐下人也。家世豪盛，幼承庭訓，博覽經籍，復於莊老，而宿慧發揮，思從釋子。即往長安大興善寺曇光法師下，稟學納戒，傳受經法，靡所不精。因遊嵩嶽，問圓通之訣，欣然趨入。後遊南嶽，登昂頭峰，直拔蒼翠，便有終焉之志。庵居二十載，屬會昌武宗毀教，照深入岩窟，飯栗飲流而延喘息。大中〔註204〕宣宗重興佛法，率徒六十許人還就昂頭山舊基，結苫蓋，構舍宇。復居一十五年，學人波委。咸通中示滅，春秋一百八歲。至三年二月三日入塔，立碑存焉。天下謂其禪學為昂頭照是歟。

（據《宋高僧傳》卷十二《習禪》）

唐澧州蘇溪元安

釋元安，俗姓淡，鳳翔遊麟人也。丱年於岐陽懷恩寺從兄祐律師出家。唯經與論，無不窮核。乃問道翠微，次臨濟，各餐法味，不飫香積之盂也。斲雕復樸，逍遙自如。聞夾山道盛德至，造澧陽當稽問轇轕，又增明淨。後開樂

〔註203〕咸通：唐懿宗李漼的年號，即公元860～874年。
〔註204〕大中：唐宣宗李忱的年號，即公元847～860年。

普山，尋居蘇溪，答訓請益，多偶句華美，為四海傳焉。以昭宗光化〔註 205〕元年戊午十二月遷滅，享壽六十五，法臘四十六矣。臨終告眾，頗多警策辭句云。

（據《宋高僧傳》卷十二《習禪》）

唐京師恒濟寺懷素

釋懷素，姓范氏，其先南陽人也。曾祖岳，高宗朝選調為絳州曲沃縣丞。祖徽，延州廣武縣令。父強，左武衛長史，乃為京兆人也。母李氏夢雲雷震駭，因而娠焉。誕育之辰，神光滿室。見者求占，此子貴極，當為王者之師傅也。幼齡聰黠，器度寬然，識者曰：「學必成功，才當逸格。」耳聞口誦，皆謂老成。年及十歲，忽發出家之意，猛利之性，二親難沮。貞觀十九年玄奘三藏方西域回，誓求為師。雲與龍而同物，星將月以共光，俱懸釋氏之天，悉麗著明之象。初尋經論，不費光陰。受具已來，專攻律部。有鄴郡法礪律師一方名器，五律宗師，迷方皆俟其指南，得路咸推其鄉導，著疏十卷，別是命家。見接素公，知成律匠。研習三載，乃見諸瑕，喟然歎曰：「古人義章未能盡善。」咸亨〔註 206〕元年，發起勇心，別述《開四分律記》。至上元〔註 207〕三年丙子歸京，奉詔住西太原寺傍聽道成律師講，不輟緝綴。永淳〔註 208〕元年，十軸畢功，一家新立，彈糾古疏，十有六失焉。新義半千百條也。傅翼之彪，搏攫而有知皆畏，乘風之震，砰輷而無遠不聞。所化翕然，所傳多矣。復著《俱舍論疏》一十五卷，《遺教經疏》二卷，鈔三卷，《新疏拾遺鈔》二十卷，《四分僧尼羯磨文》兩卷，《四分僧尼戒本》各一卷。日誦《金剛經》三十卷，講大律已疏計五十餘遍，其餘書經畫像，不可勝數。於本寺別院忽示疾，力且薾然，告秀章曰：「余律行多缺，一報將終。」時空中有天樂瀏亮，奄然而逝，俗齡七十四，法臘五十三。葬日，有鴻鶴繞塔悲鳴，至暮方散。

素所撰述，宗薩婆多。何邪？以法密部緣化地部出，化地從有部生，故出受體以無表色也。又斥二宗云：「相部無知，則大開量中得自取大小行也。南山犯重，則與天神言論，是自言得上人法也。」大抵素疏出，謂之新章焉。

〔註 205〕光化：唐昭宗李曄的年號，即公元 898～901 年。
〔註 206〕咸亨：唐高宗李治的年號，即公元 670～674 年。
〔註 207〕上元：唐高宗李治的年號，即公元 674～676 年。
〔註 208〕永淳：唐高宗李治的年號，即公元 682～683 年。

開元中，嵩山賓律師造《飾宗記》以解釋之，對礪舊疏也。又謂為《東西塔律宗》，因傳習處為名耳。大曆中，相國元公載奏成都寶園寺置戒壇，傳新疏，以俸錢寫疏四十本，《法華經疏》三十本，委寶園光翌傳行之。後元公命如淨公為素作傳。韋南康皋作靈壇，傳授毗尼新疏記，有承襲者，刊名於石。其辭酋麗，其翰兼美，為蜀中口實焉。

（據《宋高僧傳》卷十四《明律》）

唐京師西明寺圓照

釋圓照，姓張氏，京兆藍田人也。年方十歲，篤願依西明寺景雲律師。雲亦一方匠手，四部歸心。照當應法，乃受近圓，謹願執持，如懷寶器。尋究經論，訪問師承，《維摩》、《法華》、《因明》、《唯識》、《涅槃》、《中觀》、《華嚴》新經，或深入堂皇，或略從染指。仍旁求於儒墨，兼擅美於風騷。律藏珠珍，專探日用。後則霜壇秉法，雁序度人。洎乎開元年中，敕選名德僧參其譯務，照始預焉。至代宗大曆十三年，承詔兩街臨壇大德一十四人齊至安國寺，定奪新舊兩疏是非。蓋以二宗俱盛，兩壯必爭，被擒翻利於漁人，互擊定傷於師足。既頻言競，多達帝聰，有敕令將二本律疏定行一家者。時照等序奏云：「按《四分律》部主，梵雲曇無德，秦言法藏。自姚秦弘始五年壬寅歲，罽賓三藏佛陀耶舍，秦言覺明，諷出梵文，沙門竺佛念聽而筆受，成四十五卷。至十一年歲次戊申，支法領又從西國將梵本來於長安中寺重仇校，殆十四年辛亥譯畢，沙門慧辯等筆受，成六十二卷。後有魏朝道覆律師於法聰講下纂成疏六卷，北齊慧光律師造疏二本，次道雲律師修疏九卷，次道暉撰疏七卷，隋朝法願裁疏十卷。自唐平一天下也，四方昌阜，三寶增明，有智首律師述疏二十一卷，次慧滿律師造疏二十卷，事各一時流通絕矣。當武德元年戊寅歲，有相州日光寺法礪律師製疏，至九年丙戌歲成十卷，宗依《成實論》，今稱舊疏是也。洎高宗天皇大帝咸享元年歲在庚午，有西太原寺懷素律師撰《開四分律宗記》十卷，宗依《根本一切有部》、《大毗婆沙》、《俱舍》等論，稱新章疏是也。至我皇帝受佛付囑，欽尚釋門，信重大乘，遵承密教。見兩疏傳授，各擅顯門，學者如林，執見殊異，數興諍論。聖慈愍念，務息其源，使水乳無乖，一味和合。時遣內給事李憲誠，宣敕勾當京城諸寺觀功德使鎮軍大將軍劉崇訓宣敕云：「《四分律舊疏》、《新疏》宜令臨壇大德如淨等於安國寺律院僉定一本流行。」兩街臨壇大德一十四人俱集安國寺，遣中官趙鳳詮敕尚食局索一千二百六十人齋食並果實解齋粥一事，已上應副。即於安國寺供僧慧徹、如淨等十四人，並一供送充九十日齋食，用茶二十五弗，藤紙筆墨，充大德如淨等僉定律疏用。兼問諸大德各得好在否？又敕安國寺三綱：僉定律疏院一，切僧俗輒不得入，違者錄名奏來云。其時天長寺曇邃、淨住寺崇睿、西明寺道邃、興泚、本寺寶意、神朗、智釗、超儕、崇福寺超證、薦福寺如淨、青龍寺惟乾、章信寺希照、保壽寺慧徹、圓照共奉表謝，答詔云：「師等道著依經，功超自覺，承雪宮之旨奧，為火宅之涼飈，《四分律儀》三乘扃鍵，須歸總會，永息多門。一國三公，誰執其咎。初機眩曜，迷復孔多，爰命有司俾供資費，所煩筆削，佇見裁成，所謝知悉。」其日品官楊崇一宣敕：薦福、溫國兩寺三綱與淨土院檢校僧等，嚴飾道場命僧行道，用五十四人，起今月一日轉經禮佛六時行道至來年二月一日散。其設齋食料，一事已上，令所司只供，宜各精誠，問師等好在。及解道場，中官李憲誠宣敕語溫國寺轉念道場《四分律》臨壇大德等：釋門三學，以心印相傳，無上菩提，以戒法為根本。道場畢日即宜赴大安國寺楷定律疏，十道流行。至二月八日，敕檢校道場大德曇邃飛錫等，道場定取十日散，設齋外，各賜絹帛。其十四人律師並令赴安國寺修疏，程才品用，各得其宜。眾推如淨、慧徹同筆削潤色，圓照筆受正字、寶意纂文僉定，超儕筆受。其崇睿已下九人證義，共議篇題云：「敕僉定《四分律疏》卷第一，京城臨壇大德某等奉詔定。以此為題也。照為首唱，諸公和之。其間厥義非長，若農夫之去草，其義合理，猶海客之採珠。可謂名解毗尼，不看他面。俄屬德宗即位，改元建中，其年五月疏草畢。六月望，敕圓照依國子學大曆新定字樣抄寫進本。至十二月十二日，送祠部進《新僉定疏》十卷。仍乞新舊兩疏許以並行，從學者所好。敕宜依照，務其搜集，專彼研尋。著《大唐安國寺利涉法師傳》十卷，《集景雲先天開元天寶誥制》三卷，《肅宗、代宗制旨碑表集》共二卷，《不空三藏碑表集》七卷，《隋傳法高僧信行禪師碑表集》三卷，《兩寺上座乘如集》三卷，《僉定律疏一行製表集》三卷，《般若三藏續古今翻譯圖紀》三卷，《大乘理趣六波羅蜜多經音義》二卷，《三教法王存沒年代本記》三卷，（上卷明佛，中道，下儒也）《翻經大德翰林待詔光宅寺利言集》二卷，《再修釋迦佛法王本記》一卷，《佛現八相身利益人天成正覺記》一卷，《判方等道場欲受近圓沙彌懺悔滅罪辯瑞相記》一卷，《五部律翻譯年代傳授人記》一卷，《莊嚴寺佛牙寶塔記》三卷，《無憂王寺佛骨塔記》三卷，《傳法三學大德碑記集》十五卷，《建中、興元、貞元制旨釋門表奏記》二卷，《御題章信寺詩太子百僚奉和集》三卷，《貞元續開元釋教錄》三卷。照自序云：「伏以開元十八年歲在庚午，沙門智升修撰《釋教錄》，乎甲戌，經六十五年，中間三藏翻經，藏內並無收管，恐年代浸遠，人疑偽經。又先聖大曆七年許編入，制文猶在。」時帝敕宜依。至今江表多集此集中經而施用焉。照於律道，頗有功多。肅代二朝，尤為傑立，累朝應奉，賜紫充、臨壇兩街十望大德、內供奉檢校、鴻臚少卿，食封一百戶。後終於別院，春秋八十二，法臘五十八云。

（據《宋高僧傳》卷十五《明律》）

唐京師章信寺道澄

釋道澄，姓梁氏，京兆人也。父涉，中書舍人。生而奇表，輒惡葷肴，出家如歸，無所顧戀。忽遇禪僧摩頂，與立名曰道澄，瓶錫常隨，冥合律範，號律沙彌也。受具之後，習聽《南山律》於諸學處，微其玷缺。然性都率略，住寺不恒，或奉恩、莊嚴、草堂等寺，所到便居，護生為切。建中二年，坐夏於雲陽山，有虎哮吼入其門。澄徐語之，其虎搖尾𦒎耳而退。徙居章信寺，或問其故，澄曰：「出家者可滯一方乎？西域三時分房，俾無貪著，觀門易立矣。不然者，豈通方廣恕乎。」貞元二年二月八日，帝於寺受菩薩戒，京甸傾瞻，賜賚隆洽，所受而回施二田矣。五年，帝幸其寺，問澄修心法門。又敕為妃主嬪御受菩薩戒。十六年四月，敕賜號曰大圓。十九年九月十八日，終於此寺焉。

（據《宋高僧傳》卷十六《明律》）

唐江州興果寺神湊

釋神湊，姓成氏。京兆藍田人也。生而奇秀，丱角出塵，遠慕戒律，祈南嶽希操師受具，復參鍾陵大寂禪師。然則志在《楞嚴經》，行在《四分律》，其他諸教，餘力則通。大曆八年，制懸經、論、律三科，策試天下出家者，中等第方度。湊應是選，詔配九江興果精舍。後從僧望移居東林寺，即雁門賈遠之舊道場也，有甘露戒壇，白蓮池在焉。既居是，嗣興佛事，雖經論資神，終研律成務。湊羸瘠，視之頹然，州將門人醫療，而不願進藥。元和十二年九月遘疾，二十六日儼然坐終於寺。十月十九日，門人奉全身窆於寺西道北，祔雁門壙左，若僧詮葬近郭文之墓也。春秋七十四，夏臘五十一。湊以精進心脂不退輪，以勇健力撾無畏鼓，故登壇秉法垂三十年。一盂而食，一榻而居，衣縫枲麻，坐薦藁秸。由茲檀施臻集於躬，即回入常住無盡財中，與眾共之。每夜捧爐秉燭，行道禮佛，徇十二時，少有廢闕，如是經四十五載。生常遇白樂天為典午於郡相善，及終，悲悼，作《塔銘》云：本結菩提香火社，共嫌煩惱電泡身，不須惆悵隨師去，先請西方作主人。

（據《宋高僧傳》卷十六《明律》）

唐京兆大興善寺復禮

釋復禮，京兆人也，俗姓皇甫氏。少出家，住興善寺。性虛靜，寡嗜欲。遊心內典，兼博玄儒，尤工賦詠，善於著述，俗流名士皆仰慕之。三藏地婆訶羅、實叉難陀等譯《大莊嚴》、《華嚴》等經，皆敕召禮令同翻譯，綴文裁義，實屬斯人。天皇永隆二年辛巳，因太子文學權無二述《釋典稽疑》十條，用以問禮，請令釋滯，遂為答之，撰成三卷，名曰《十門辯惑論》。賓主酬答，剖析稽疑，文出於智府，義在於心外，如斯答對，堅陣難摧。赤旛曳而魔黨降，天鼓鳴而修羅退，權文學所舉《稽疑》數義也，於餘則難，在禮殊易。何邪？蓋不知教有弛張，文存權實，謂為矛盾。故行弔伐之師，如小偏裨須請軍門之命。無二既披來論，全釋舊疑，乃復書云：「續晨鳧之足，鑿混沌之竅，百年之疑，一朝頓盡。永遵覺路，長悟迷源，爇煩惱之薪，餐涅槃之飯，請事斯語，以卒餘年云。」此雖一時之解紛，實為萬代之高抬貴手也。

禮之義學，時少比儔，兼有文集行於代。加復深綜玄機，特明心契，作《真妄頌》問天下學士，擊和者數人。當草堂宗密師銓擇臻極，唯清涼澄觀得其旨趣，若盧郎之米粒矣。余未體禮師之見。故唐之譯務，禮為宗匠，故惠立謂之譯主。譯主之名，起於禮矣。妙通五竺，融貫三乘，古今所推，世罕倫匹。其論二軸編入藏，酬外難之攻，但用此之戈盾也矣。

（據《宋高僧傳》卷十七《護法》）

周洛京福先寺道丕

釋道丕，長安貴胄里人也。唐之宗室，父從晏，襄宗沿堂五院之首。母許氏為求其息，常持《觀音普門品》，忽夢神光燭身，因爾妊焉。及其誕生，挺然岐嶷，端雅其質，屬籍諸親異而愛之如天童子。年始周晬，父將命汾、晉，會軍至於霍山，沒王事。丕雖童稚聚戲，終鮮笑容。七歲，忽絕葷膻，每遊精舍，怡然忘返。遂白母往保壽寺禮繼能法師，尊為軌範。九歲，善梵音禮讚。是歲，襄宗幸石門，隨師往迎駕。十九歲，學通《金剛經》義，便行講貫。又駕遷洛京，長安焚蕩，遂背負其母，東征華陰。劉開道作亂，復荷母入華山，安止岩穴。時穀麥勇貴，每斗萬錢。丕巡村乞食，自專胎息，唯供母食。母問還食未？丕對曰：「向外齋了。」恐傷母意，至孝如此。年二十歲，母曰：「汝父霍山亡沒，戰場之地，骨曝霜露。汝能收取歸葬，不亦孝乎。」遂辭老親往霍邑。立草庵鳩工，集聚白骨，晝夜誦經，咒之曰：「古人精誠所感，滴血認骨。我今志為孝子，豈無靈驗者乎？倘群骨中有動轉者，即我父之遺骸也。」如是一心注想，目未輕舍，數日間，果有枯髏從骨聚中躍出，競鶩丕前，搖曳良久。丕即躄踴抱持，如復生在，齎歸華陰。是夜其母夢夫歸舍，明辰骨至，其孝感聲譽日高。

至二十七歲，遇曜州牧婁繼英，招丕住洛陽福先彌勒院，即晉道安翻經創浴之地也。天祐三年丙寅，濟陰王賜紫衣。後唐莊宗署大師曰廣智。丕於梁朝後主、後唐莊宗、明宗凡內建香壇，應制談論，多居元席。及晉遷都今東京，天福三年詔入梁苑，副錄左街僧事，與傳法阿闍梨昭信大師俱道貌童顏，號二菩薩。是故朝貴士庶，多請養生之術。丕精勤不懈，一佛一禮。《佛名經》、《法華》、《金剛》、《仁王》、《上生》四經，逐一字禮。然其守杜多之行，分衛時至，二弟子隨行。開運甲辰歲為左街僧錄，雖臨僧務，日課修持。相國李公濤、西樞密太傅王公樸、翰林承旨陶公穀等，無不傾心歸重。至漢乾祐中，謝病乞西歸。未允之際，屬漢室凌夷，兵火連作，恣行剽掠。丕於廊廡之下，倚壁誦念，二日紛拏，一無見者。時京城見聞，益加欽尚。逃歸洛邑，周太祖潛隱所重。廣順元年敕召為左街僧錄，不容陳讓，還赴東京，居於僧任。

世宗尹釐府政，嫌空門繁雜，欲奏沙汰，召丕同議。時問難交發，開喻其情，且曰：「僧之清尚，必不露於人前。僧或凶頑，而偏遊於世上。必恐正施蔗蓑，草和蘭茝而芟。方事淘澄，金逐沙泥而蕩。大王儲明欲照，蓄智當行，為益皇帝邪！為損君親邪！若益君乎，不令一物失所。若損親也，是壞六和福田。況以天下初平，瘡痍未合，乞待後時，搜揚未晚。故老子云：治大國如烹小鮮。慮其動則糜爛矣。世宗深然其言，且從停寢。及世宗登極，丕謂僧曰：「吾皇宿昔有志，汝當相警護持。」堅乞解歸洛陽，又立禮《首楞嚴經》。二年，果敕並毀僧寺，並立僧帳，蓋限之也。毀教不深，乃丕之力也。

以顯德二年乙卯六月八日微疾，十日，令弟子早營粥食云：「有首楞嚴菩薩。」眾多相迎，令鳴椎，俄然而化，春秋六十七，僧臘四十七。緇素號哭，諸寺具威儀送葬於龍門廣化寺，之左立石塔焉。未終之前，寺鐘無故嘶嗄，表剎龍首忽焉隕墜。僧澄清夢寺佛殿梁折，極多異兆焉。

（據《宋高僧傳》卷十七《護法》）

唐陝府辛七師

釋辛七師者，不顯出家之號，時姓氏行次呼之，既熟人耳，更無別召體焉，實陝人也。始為兒時，甚閒謹肅，不嘗狎弄，少即老成。其父為陝郡守，觀七師之作，為謂其母曰：「是子非常兒孺，善宜護養之。」年甫十歲，迥知佛法可以宗尚，凡經卷冥然分其此華此梵，都不緣師教。及鍾荼蓼，陟屺之痛愈深，雖親屬勸勉，益加柴毀。先是郡城南有瓦窯七所，一日哀號之際，發狂遁去，其家僮輩躡跡尋之。見其入窯窖中端坐，身有奇光，燦若金色。家僮驚，就問無言，懼而徒步。次窺一窯，復見七師，同前相狀。如是歷遍七窯，一一見其端坐發光。是以陝服之人重之若神，遇之羅拜焉。

（據《宋高僧傳》卷十九《感通》）

唐鳳翔府寧師

釋寧師者，岐陽人也，亡其名，時以姓呼之耳。往來無恒止，出處如常僧。昭宗即位初年，居山寺中，忽暴終，安臥體暖，忽忽如爛寢焉。僧徒環守，不敢殯殮。三日而蘇，眾驚奔問之，曰：「我為冥司追攝，初見一判官，云：「和尚壽在而無祿。」乃召吏，語之與檢覆。吏曰：「只有乾荷葉三石。」因令注於簿，又命一人引之巡歷觀遊去。乃入一門，見數殿各有牓。於是徒步至一殿，署云李克用。於牖間窺有一黑龍，眇一目，中立鐵柱，連鎖縶維之。次一殿署曰朱全忠，乃青鞟白額虎，鎖繫如初，而前有食啖人血狼藉之狀。次署曰王建，黃金床上臥一白兔焉。次署曰李茂貞，具冠冕如王者，左右數侍女焉。次署曰楊行密，窗牖痹黑，不能細瞻。問使者曰：「此諸怪狀者何邪？」曰：「將來王者也。」旁廂數殿，望之黯黯，使者不容。引去，還至本所判官廳事，謂使者曰：「好送師回，但多轉念功德經。」寧問曰：「孰是功德經。」曰：「《金剛般若》是歟，此經冥間濟拔，功力無比。」及乎穌醒，四顧久之，乃述前事。」聞者駭然，遂聞於官。後岐帥怪宏迂而妄，都不之信。厥後茂貞果封秦王。李克用枉濫殺戮，號獨眼龍也。朱氏革於唐命，殘害安忍，傅翼擇肉，非虎而何。蜀王建屬兔，阻兵自固。天祐丁卯，僭偽號以金飾床也。諸皆符合。寧自此每斷中，唯荷葉湯而已。其諸食饌，逆口不餐。秦隴之人往往請寧入冥，預言吉凶，更無蹉跌。或請齋，爭辦淨池嫩荷，號為入冥和尚，終於岐下。

（據《宋高僧傳》卷二十一《感通》）

周偽蜀淨眾寺僧緘

釋僧緘者，俗名緘也，姓王氏，京兆人。少而察慧，辭氣絕群。大中十一年，杜審權下對策成事秘書監馮涓即同年也。乾符中，巢寇充斥，隨流避亂。至渚宮投中今成汭，汭攻淮海，不利，遂削髮出家。屬雷滿據荊州，襄州趙凝攻破之。梁祖遣高季昌誅滅焉，江陵遂屬高氏。緘避地夔峽間。後唐同光三年入蜀，尋訪馮涓，已死矣。遂居淨眾寺。而髭髮皓然，且面色紅潤，逍遙然，人不測其情偽。有華陽進士王處厚者，乙卯歲於偽蜀落第，則周顯德二年也。入寺寫優於松竹間，見緘，緘曰：「得非王處厚乎？」處厚驚曰：「未嘗相狎，何遽呼耶。」緘曰：「偶知耳。」遂說本唐文宗大和初生，止今一百三十餘載矣。處厚曰：「某身跡奚若。子將來之事極於明年，而今而後，事可知矣。」意言蜀將亡也。囑令勿泄。明日再尋，杳沉聲跡。一日，復扣關自來云：「暫去禮峨眉，結夏於黑水方還。」緘於案頭拈文卷，覽之則處厚府試賦藁，曰：「考乎真偽，非君燭下之文，何多誑乎。」遂探懷抽賦藁示之，「此豈非程試真本乎。」處厚驚竦不已，乃曰：「僕試後偶加潤色，用補燭下倉卒之過也。師何從得是本也。」緘曰：「非但一賦，君平生所作之者，皆貯之矣。」明日訪之。攜處厚入寺之北隅，同謁故太尉豳公杜琮之祠，坐於西廡下，俄有數吏服色尨雜，自堂宇間綴行而出，降階再拜。緘曰：「新官在此，便可庭參。」處厚惶懅而作。緘曰：「此輩將為君之驅策，又何懼乎。寧知泰山舉君為司命否，仍以夙負壯圖，未酬前志，請候登第後施行。複檢官祿簿見來春一牓，人數已定，君亦預其間，斯乃陰注陽受也。策人世之名，食幽府之祿，此陽注陰受也。」處厚震駭，不知所裁，但問：「明年及第人姓名為誰耶。」緘索紙筆，立書一短封與之，誡之嚴密藏之，脫泄，禍不旋踵。須臾吏散。緘攜手出廟，及暝而去。至春試罷，緘來處厚家，留一簡云：暫還弊廬，無復再面也。後往寺僧堂中問之，已他適矣。乃拆短封視之，但書四句：云周成同成，二王殊名，王居一焉，百日為程。及乎牓出，驗之有八士也。二王，處厚與王慎言也，王居一焉。惡其百日為程，處厚唯狎同年，置酒高會，極遂性之歡。由是荒亂不起，是夜暴亡。同年皆夢處厚藍袍槐笏，驅殿而行。驗其策名之榮，止一百二十日也。詳其緘之生於文宗太和初也，成身在宣宗大中，王處厚遇之，已一百三十餘歲也。

（據《宋高僧傳》卷二十二《感通》）

唐京師千福寺楚金

釋楚金，程氏之子，本廣平郡，今為京兆之周至人也。母高氏夜夢諸佛，因而妊焉。生實法王之子也。行素顏玉，神和氣清。七歲諷《法華》，十八通其義。三十，構塔曰多寶。四十，入帝夢於九重，玄宗睹法名下見金字，詰朝使問，罔不有孚。於時聲騰京輦，遂慕人構塔，累級而成，有同反掌。嘗於翠微悟真，捫蘿靈趾，乃曰：「此吾棲遁之所。」遂奏兩寺各建一塔，咸以多寶為名。此外吟詠妙經六千餘遍。寶樹之下，彷彿見於分身；靈山之中，依俙覿於三變。心無所得，舌流甘露。瑞鳥金碧，棲於手中，天樂清泠，奏於空際。凡諸休應，皆不有之。乃曰法象王之法駕，回人主之宸眷。承明三入，揚法六宮，后妃長跪於御筵，天華分散而不著。明皇題額，肅宗賜旛，豈榮冠於一時，亦庶幾於佛在也。以乾元二年七月七日子時，右脅示滅焉。薪盡火滅，雪顏如在，昭乎上生於安養之國矣。春秋六十二，法臘三十七。天子憫焉，中使弔焉。敕驃騎大將軍朱光暉監護，即以其法葬於城西龍首原法華蘭若，塔之。

初金髫年寫《法華經》，不衣絺縉，寒加艾納而已。弟子慧空、法岸、浩然皆隨像王之子也。紫閣峰草堂寺飛錫碑文，吳通微書。至貞元十三年四月十三日左街功德使開府邠國公竇文場奏：千福寺先師楚金是臣和尚，於天寶初為國建多寶塔，置法華道場，經今六十餘祀。僧等六時禮念，經聲不斷，以歷四朝，未蒙旌德。敕謚大圓禪師矣。

（據《宋高僧傳》卷二十四《讀誦》）

唐懷安郡西隱山進平

釋進平，姓吳氏，京兆人也。早出家於永安山明福院，風表端雅。諸經大論，皆所研尋。銷文煉注，令人樂聞。末思禪觀，於洛下遇菏澤會師了悟，且曰：「甚矣，不自外知者，所知難乎哉。」後至唐州遂居西隱山。刺史鄭文簡請入城，闡揚宗旨。示滅年八十一，大曆十四年三月入塔。

（據《宋高僧傳》卷二十九《雜科聲德》）

慧重

時有慧重沙門，姓郭，雍州人。練道少年，綜尋內外。志力方梗，不憚威侮。《攝論》、《十地》，戶牖由開敕請造塔於秦州岱嶽寺。初停公館，舍利金瓶自然開現，放光流外，道俗咸睹，送至寺塔，將入石函，又放光明，晃耀人目。嶽表白氣，三道下流，直向塔基。良久乃歇。又嶽神廟戶由來封閉，舍利止至，三度自開。識者以神來敬禮故耳，後不委其終。

（據《續高僧傳》卷十《義解》）

唐長安道德寺尼無量

無量，長安閔氏女。年甫十八，能誦華嚴。永淳二年，有詔度僧，其家男女五人，俱以試經得度，無量配住道德寺。志節彌堅，每誦華嚴，三日一遍，以為恒課，六時禮懺，三業無替。每見諸貧病，莫不深思悲愍，資給湯藥，扶其困乏，時歎為女中丈夫。

（據《續比丘尼傳》〔註209〕卷一）

唐長安宣化寺尼堅行

堅行，俗姓魚氏，京兆府櫟陽人也。生平貞儀苦節，精勤厥志，捐別修而遵普道，欽四行而造真門。豈荼晨霜易晞，夕靈難久？寢疾床枕，藥餌無徵，以開元十二年十月廿一日，遷化於宣化寺。春秋七十有六，夏卌矣。臨命遺囑，令門人等造空施身。至開元廿一年，親弟大云僧志葉，弟子四禪、賢首、法空、淨意等收骨起塔，以申仰答罔極之志，並為之銘云。

（據《續比丘尼傳》卷一）

唐洛陽安國寺尼惠隱

惠隱，俗姓榮，京兆人，其家第四女也。族望北平，曾祖權隨，金紫光祿

〔註209〕【民國】釋震華：《續比丘尼傳》，《高僧傳合集》，上海：上海古籍出版社，2011。

大夫散騎常侍兵部尚書東阿郡開國公；祖建緒，銀青光祿大夫使持節息始洪諸軍事三州刺史東阿郡開國公；叔祖思九，黃門侍郎；父懷節，夷州綏陽縣令；外祖韋氏，字孝基，皇中書舍人道遙公之孫也。師聰識內敏，幼挺奇操，粵自齠齔，敬慕道門，專志誦經，七百餘紙。業行精著，簡練出家。自削髮染衣，安心佛道，尋求法要，歷奉諸師，如說修行，曾無懈倦。捐軀委命，不以為難，戒行無虧，冰霜比潔。或斷穀服氣，宴坐安禪；或煉闕試心，以堅其志。動靜語默，恒在定中；凡所施為，不輟持誦。雖拘有漏，密契無為；雅韻孤標，高風獨遠。嗚呼！驚波不息，隙影難留；生滅無恒，遂隨遷謝。開元二十二年七月十一日，壽終於安國道場，春秋七十有六，右脅而臥，奄然滅度。臨涅槃時，遺曰：「吾緣師僧父母，並在龍門，可安吾於彼處，與尊者同一山也。」弟子尼圓德，博通三藏，才行清高。生事竭仁孝之心，禮葬盡精誠之志，追痛永遠，建塔茲山。縱陵谷有遷，庶芳徽不朽。無名氏為之銘，曰：「至道希夷，代罕能窺；探秘究妙，夫惟我師。爰自齠年，訖於晚歲，精念護攝，虔誠不替。肅肅戒行，明明定惠，淨業滋薰，與佛同契。逝川不駐，隙駟難留；奄隨運往；萬古千秋。嗟永感而無極，式雕紀於芳猷。」

（據《續比丘尼傳》卷一）

唐長安龍花寺尼契義

契義，姓韋氏，京兆杜陵人也。曾王父諱安石，尚書左僕射中書令；大父諱斌，中書舍人臨汝郡太守；烈考諱衰，司門郎中眉州刺史。家承卿相德動之盛，族為關內士林之冠。始先妣范陽盧夫人，以賢德宜家，蕃其子姓。故同氣八人，而行居其次，在女列則長焉。自始孩，蘊靜端介潔之性；及成人，鄙鉛華靡麗之飾。密真心於清淨教，親戚制奪，其持愈堅。年十九，得請而剃落焉。大曆六年，制隸龍花寺，受具戒於照空和尚。居然法身，本於天性，嚴護律度，釋氏高之。國家崇其善教，樂於度人，敕東西街置大德十員，登內外壇場，俾後學依歸，傳諸佛心要。既膺是選，其道益光，門人宗師，信士響仰，如水走下，匪我求蒙。持一心之修繕佛宇，來四輩之施捨金幣；高閣山聳，長廊鳥跂。像設既固，律儀甚嚴。率徒宣經，與眾均福，故聞者敬而觀者信，如來之教，知所慕焉。嘗從容鄉里，指於北原，而告其諸弟曰：「此吾之所息也，為其識之。」蓋示生歸於佛，歿歸於鄉，所以報生育劬勞之恩於萬一也。元和戊戌歲四月庚辰，恬然化滅，報年六十六，僧夏四十五。粵以七月乙西，遷神於萬年縣洪固鄉之畢原。遺命不墳不塔，積土為壇，植尊勝幢於其前。窀穸之制，咸所遵承。弟子比丘尼如壹等，服勤有年，號奉遺教。杖而會葬者數百千人，極釋氏之哀榮，難乎如此！從父弟鄉貢進士同翊，撰唐故龍花寺內外臨壇大德韋和尚墓誌銘。

（據《續比丘尼傳》卷一）

佛窟惟則禪師

天台山佛窟岩惟則禪師者，京兆人也。姓長孫氏。初謁忠禪師，大悟玄旨。乃曰：「天地無物也，物我無物也。雖無物也，而未嘗無物也。如此，則聖人如影，百姓如夢，孰為死生哉？至人以是能獨照，能為萬物主，吾知之矣。」遂南遊天台，隱於瀑布之西岩。元和中慕道者日至。有弟子可素，遂築室廬，漸成法席。佛窟之稱自師始也。僧問：「如何是那羅延箭？」師曰：「中的也。」忽一日告門人曰：「汝其勉之。」閱二日，跏趺而寂。後三年，塔全身於本山。

（據《五燈會元》卷二）

大光居誨禪師

潭州大光山居誨禪師，京兆人也。初造石霜，長坐不臥。麻衣草屨，亡身為法。霜遂令主性空塔院。一日，霜知緣熟，試甚所得。問曰：「國家每年放舉人及第，朝門還得拜也無？」師曰：「有一人不求進。」霜曰：「憑何？」師曰：「他且不為名。」霜曰：「除卻今日，別更有時也無？」師曰：「他亦不道今日是。」如是酬問，往復無滯。盤桓二十餘祀，眾請出世。僧問：「祇如達磨是祖否？」師曰：不是。」祖曰：「既不是祖，又來作甚麼？」師曰：「祇為汝不薦。」曰：「薦後如何？」師曰：「方知不是祖。」問：混沌未分時如何？」師曰：「時教阿誰敘？」上堂：「一代時教，祇是整理時人手腳，直饒剝盡到底，也祇成得箇了事人，不可將當衲衣下事。所以道四十九年明不盡，標不起，到這裡合作麼生？更若忉忉，恐成負累。珎重！」

（據《五燈會元》卷六）

雲蓋歸本禪師

襄州雲蓋雙泉院歸本禪師，京兆府人也。初謁雪峯，禮拜次，峯下禪牀，跨背而坐，師於此有省。住後，僧問：「如何是雙泉？」師曰：「可惜一雙眉。」曰：「學人不會。」師曰：「不曾煩禹力，湍流事不知。」問：「如何是西來的的意？」師乃搊住，其僧變色。師曰：「我這裡無這箇。」師手指纖長，特異於人，號手相大師。

（據《五燈會元》卷七）

呂岩洞賓真人

呂岩真人，字洞賓，京川人也。唐末三舉不第，偶於長安酒肆遇鍾離權，授以延命術，自爾人莫之究。嘗遊廬山歸宗，書鐘樓壁曰：「一日清閒自在身，六神和合報平安。丹田有寶休尋道，對境無心莫問禪。」未幾，道經黃龍山，覩紫雲成蓋，疑有異人。乃入謁，值龍擊皷升堂。龍見，意必呂公也，欲誘而進。厲聲曰：「座傍有竊法者。」呂毅然出，問：「一粒粟中藏世界，半升鐺內煮山川。且道此意如何？」龍指曰：「這守屍鬼。」呂曰：「爭奈囊有長生不死藥。」龍曰：「饒經八萬劫，終是落空亡。」呂薄訝，飛劒脅之，劒不能入。遂再拜，求指歸。龍詰曰：「半升鐺內煮山川即不問，如何是一粒粟中藏世界？」呂於言下頓契。作偈曰：「棄卻瓢囊摵碎琴，如今不戀水中金。自從一見黃龍後，始覺從前錯用心。」龍囑令加護。後謁潭州智度覺禪師，有曰：「余遊韶郴，東下湘江，今見覺公，觀其禪學精明，性源淳潔，促膝靜坐，收光內照。一衲之外無餘衣，一鉢之外無餘食。達生死岸，破煩惱殼。方今佛衣寂寂兮無傳，禪理懸懸兮幾絕。扶而興者，其在吾師乎？」聊作一絕奉記：「達者推心方濟物，聖賢傳法不離真。請師開說西來意，七祖如今未有人。」

（據《五燈會元》卷八）

唐長安趙景公寺道安

大唐故道安禪師，姓張，雍州渭南人也。童子出家，頭陀苦行，學三階集錄，功業成名。自利既圓，他利將畢。以總章元年十月七日遷形於趙景公寺禪院。春秋六十有一。又以三年二月十五日起塔於終南山鴟鳴遞堆信行禪師塔後。志存親近善知識焉。

（據《金石萃編》〔註210〕卷五十七《道安禪師塔記》）

〔註210〕【清】王昶：《金石萃編》，《石刻史料新編．第一輯》第2冊，臺灣：新文

唐雍州醴泉澄心寺優曇

禪師俗姓費，諱優曇，雍州醴泉人也。若乃家門軒冕之盛，氏族人倫之美，光諸竹帛，可略而詳。惟師降靈蟾桂，稟氣星虹，託瑞柰以呈姿，寄人花而表稱。爰此在室，即有物外之心；及至出家，果建降魔之志。雖四依並學，而志尚不輕；十二齊驅，而遍行乞食。三階八種之法，得意亡言；兩人三行之旨，遺蹄取菟。是非不經於口，名利不掛於心。蕭蕭然起松柏之風，肅肅焉挺歲寒之質。豈意兩楹告變，三豎成災。朗月與落宿俱沉，慧日共愁雲並暗。粵以儀鳳三年六月八日遘疾彌留，奄隨風燭。春秋七十有七……門人痛恒沙之莫報，知歷劫之難酬。卜彼周原，郁興靈塔。

（據陝西昭陵博物館藏《大唐澄心寺尼故優曇禪師之塔銘》）

唐長安崇義寺思言

禪師法諱思言，俗姓衡氏，京兆櫟陽人也。幼標定慧，早悟真空，戒珠明朗，心田獨口。四分十誦，自得地靈；三門九法，總攝天口。無解而解，善惡俱亡；非空自空，物我齊泯。不現身意，行住涅槃。雖假言談，長存波若。由是隨緣起念，自關洛而徂遊，應物虛口，經海沂而演授。昭化煩惑，濟蕩摩冥。法侶雲趨，俗徒霧季。請益無倦，屢照忘疲；薰以香膏，焚緣明盡。因茲不念，遂構清瀛。日居月諸，奄先朝露。以延和元年五月二十三日舍化於濬郊大梁之域，遂就閒維。嗚呼哀哉。春秋六十有九，四十夏……即以開元二年歲次甲寅閏二月己未朔十二日庚午，侄沙門哲及道俗等敬收舍利，於終南鞭梓谷大善知識林後本師域所起塔供養。

（據《陝西金石錄》〔註211〕卷十一《大唐崇義寺思言禪師塔銘》）

唐長安香積寺淨業

法師諱象，字淨業，趙姓，族著天水，代家南陽。冠冕相輝，才名繼美。因官從屬，今為京兆人也。父迪，天馬監。沉默攸傳，安卑適務。時英間出，弈葉於儒門；從法化生，獨鍾於釋子。

法師即監之仲子也。器宇恢嶷。風儀宏偉。長河毓量，汪然括地之姿；

豐出版公司，1977年。

〔註211〕武樹善：《陝西金石錄》，《石刻史料新編．第一輯》第22冊，臺灣：新文豐出版公司，1977年。

秀嶽標形，峻矣乾天之氣。髫年慕法，弱冠辭榮。高宗忌辰，方階落彩。帔緇七日，旋登法座，觀經疑論，剖析元微，念定生因，抑揚理要。法師夙棹元津，早開靈鍵，入如來密藏，踐菩薩之空門。凡所闡揚，無不悅可，歎未曾有。發菩提心，稟其歸戒者日逾千計。

法師博濟冥懷，沖用利物。嘗以大雄既沒，法僧為本。每至元正創啟，周飾淨場，廣延高僧，轉讀真詰。口興勝會，法服精鮮，受用道資，出於百品。預茲位者，應其成數，所施之物，各發一願。願力宏博，量其志焉。風雨不已廿餘載。菩薩以定慧力〔註212〕而大合法財，此之謂也。無適非可，住必營建。厥功居多，思力如竭。

粵延和元年，龍集壬子，而身見微疾，心清志凝。夫依風以興，隨煙而散。來既無所，去復何歸。夏六月十五日，誡誨門賢，端坐瞪視。念佛告滅。嗚呼！生歷五十有八。即以其年十月廿五日陪窆於神禾原大善導荼梨〔註213〕域內。崇靈塔也。道俗闐湊，號惋盈衢，不可制止者，億百千矣。門人思頊等乃追芳舊簡，摭美遺編，永言風軌，思崇前跡。空留鎖骨之形，敢勒銖衣之石。

（據《金石萃編》七十五卷《大唐龍興大德香積寺主淨業法師靈塔銘》）

唐宣化寺堅行

禪師諱堅行，俗姓魚氏，京兆府櫟陽人也。惟師貞儀苦節，精勤厥志，捐別修而遵普道，欽四行而造真門。豈荼晨霜易晞，夕露難久，寢疾床枕，藥餌無徵，嗚呼哀哉。以開元十二年十月廿一日遷化於本院，春秋七十有六，夏四十矣。臨命遺囑，令門人等造空施身。至開元廿一年親弟大雲僧志葉、弟子四禪、賢道、法空、淨意等收骨起塔，以申仰答罔極之志。閏三月十日。

（據《金石萃編》卷七十八《堅行禪師塔銘》）

唐汝州開元寺貞和尚（禪宗七祖）

禪師諱貞〔註214〕，茲郡京兆人也。俗姓張氏……年弱冠，秀才登科，知名太學，以為儒家非正諦，文字增妄想。故去彼取此，而為上乘因。亦既口

〔註212〕指禪定與智慧，佛教把攝亂意稱作定，觀照事理為慧。

〔註213〕即荼毗，指火葬。

〔註214〕《中州金石記》云：「李品傳，貞禪師者，駐錫風穴山，嘗習衡陽三昧，其化大行，夕盍然示寂，守宰李暠荼維之，得舍利千粒，明皇諡為七祖。」

緇。遂受衡陽止觀門〔註 215〕，居於洛陽白馬寺。口不絕誦習，心不離三昧，口妙口之慧萌剃賴耶之濁種，庶滅裂有我，千盤無生焉。

後隸此郡開元寺。又以為喧者起之本，靜者定之緣。利緣舍起，故復居此窟。茨廡藥蔬之妙受，溪篁口口之勝塵，可略言矣。前刺史故丞相齊公崔日用、吏部尚書李暠皆頂奉山宇。斯豈玄道歟？然而口熊軾，底龍宮，紆紫綬，稽才口口以惕凡庶之見聞，兆昏蒙之口響。

以開元十三年九月十八日口滅於開元寺舍。春秋八十有四……僧弟子宗本……乃為銘曰……

（據《金石萃編》卷八十三《大唐開元寺故禪師貞和尚寶塔銘》）

唐洛陽安國寺惠隱

禪師俗姓榮，京兆人。其家第四女也。族望北平。曾祖權，隋金紫光祿大夫、散騎常侍、兵部尚書、東阿郡開國公。祖建緒，銀青光祿大夫、使持節息、始、洪諸軍事三州刺史，東阿郡開國公。叔祖思九，黃門侍郎。父懷節，夷州綏陽縣令。外祖韋氏，字孝基；皇中書舍人、逍遙公之孫也。

禪師聰識內敏，幼挺奇操，粵自齠齔，敬慕道門。專志誦經，七百餘紙。業行精著，簡練出家。自削髮染衣，安心佛道，尋求法要，歷奉諸師。如說修行，曾無懈倦。捐軀委命，不以為難。戒行無虧，冰霜比潔。或斷穀服氣，宴坐禪思；或煉闞試心，以堅其志。動靜語異，恒在定中，凡所施為，不輟持誦……

以開元二十二年七月十一日壽終於安國道場，春秋七十有六。右脅而臥，奄然滅度。臨涅槃時遺曰：「吾緣師僧父母，並在龍門。可安吾於彼處，與尊者同一山也。」弟子尼圓德，博通三藏，才行清高。生事竭仁孝之心，禮葬盡精誠之志，追痛永遠，建塔茲山……

開元廿六年歲次戊寅二月六日建。

（據《唐代墓誌彙編》《大唐大安國寺故大德惠隱禪師塔銘》）

唐長安興唐寺淨善

和尚姓張氏，法號淨善，京兆雲陽人也。幼而神清，長益靈悟。誠請既

〔註 215〕南朝陳南嶽僧人慧思講《大乘止觀法門》一書，立五門，為止觀依止、止觀境界、止觀體狀、止觀斷得、止觀作用。

深，緣愛自淨。乃授經於惠雲。溯源窮委，靡弗徹貫。以故業行高超，利益弘溥。知與不知，宣示咸得，解脫朗悟。信大道之津梁也。以乾元元年二月六日告行於興唐寺。門人惠信等與俗侶白衣會葬近千人焉。以其年九月九日起塔於畢原高崗。式昭大口，庶慰永懷。

（據《唐文拾遺》〔註216〕卷二十三《大唐興唐寺淨善和尚塔銘》）

唐洛陽寧刹寺惠空

今王城寧刹壽律有比丘尼惠空，以律為儀，以定自處，而往世六十有四夏。其反真也，曷知其所，無乃示如也化耶？彼青蓮出於深池，白日照乎虛室，雖任風搖落，雲掩映，睹之者安知夫歸根日靜，素靈常在哉。觀其異日所趣，自初及終，動無違戒，若有前習。或宴坐滅息，或登壇遙授，徒見夫真形具相，儼兮可則。余嘗問其俗姓馬，扶風人也。曾祖遇，皇媯，檀二州刺史。祖子夏，皇邢州長史。或節重壽城，藻人靡化；或政超半刺，邢國移風。父令藻，皇河南府永寧縣尉。代日象賢，方崇盛業。未振比溟之羽，空歎南昌之尉。衣冠之裔，業緣果善。大曆二年五月十六日委化，十月廿日葬龍門。緇俗之會如林，未達者號塔哭路，蓋不能已。

（據《洛陽出土歷代墓誌輯繩》〔註217〕《唐寧刹寺故大德惠空和尚墓誌銘》）

唐長安昭成寺三乘

大唐元和元年三月十四日，長安昭成寺尼大德三乘行歸寂於義寧裏之私第，春秋七十九，戒臘一十九。伏惟神兮。俗姓姜氏，望本天水……今則長安高陵人也。故中散大夫、贈太子左贊善大夫執珪之女，適昭陵令贈通州刺史李昕之妻……有二子，長曰誼，終杭州餘杭縣令；幼曰調，終溫州安固縣尉。有嗣孫五人：定、寅、寓、寧、寔……自貞元四年隸名於此寺……定等哀慕悲號，攀援何及。以元和二年二月八日敬奉靈輿，歸窆於城南高陽原，禮也。

（據《陶齋藏石記》〔註218〕卷二十九《昭成寺尼大德三乘墓誌銘》）

〔註216〕【清】陸心源：《唐文拾遺》，北京：中華書局，1983年影印本。
〔註217〕洛陽市文物工作隊編：《洛陽出土歷代墓誌輯繩》，北京：中國社會科學出版社，1991年。
〔註218〕【清】端方：《陶齋藏石記》，臺灣：臺聯國風出版社，1980年。

唐涇陽興國寺憲超

上座俗姓太原王氏，累世京兆涇陽人也。童子事師。年過受戒。報終七十有六，僧夏而五十焉。

業精妙法。於大曆八年試業，得度隸名。住興國寺也。上座行操寒松，戒德霜白。道洽群物而悲敬齊行，持念無虧。經聲不輟，優曇花〔註 219〕之句偈。曉夕相仍，分陀利〔註 220〕之開敷。香風不絕，向萬餘遍。稟學定於總持東院，繼七業之蹤；熱心燈於巨夜之中，明終不絕。

而忽於今年覺是身虛憊，氣力漸微，絕粒罷餐。惟茶與乳。右脅而臥，四旬如生。命入室門人上座子良、都維那智誠等曰：「吾今色身應將謝矣。」怒力勤策，法乳相親。金泉磑及梨園鋪，吾之衣缽，將入常住，以為永業。言已，帖然累足而去也。門人子良等號呼慟天……即以其年三月七日於興國下莊，淨室飛香，神顏不易，狀如平生，黯爾終矣……唐元和十三年歲次戊戌十月辛亥廿日庚午崇建金龜鄉臥龍裏，紀也。

（據《金石萃編》卷一百七《興國寺故大德上座號憲超塔銘》）

唐長安龍花寺契義

大德姓韋氏，法號契義，京兆杜陵人也。元和戊戌歲四月庚辰，恬然化滅，報年六十六，僧夏四十五。粵以七月乙酉遷神於萬年縣洪固鄉之畢原。遺命不墳不塔，積土為壇，植尊勝幢其前。亦浮圖教也。曾王父諱安石，皇尚書左僕射、中書令，大父諱斌，皇中書舍人、臨汝郡太守，烈考諱衮，皇司門郎中、眉州刺史……始先妣范陽盧夫人以賢德宜家，蕃其子姓，故同氣八人，而行居其次，在女列則長焉。自始孩蘊靜端介潔之性，及成人鄙鉛華靡麗之飾。

密置心於清淨教，親戚制奪，其持愈堅。年十九，得請而剃落焉。大曆六年，制隸龍花寺，受具戒於照空和尚。居然法身，本於天性，嚴護律度，釋氏高之。國家崇其善教，樂於度人。敕東西街置大德十員，登內外壇場，俾後學依歸，傳諸佛心要。既膺是選，其道益光。門人宗師，信士向仰，如水走下，匪我求蒙。持一心之修繕佛宇，來四輩之施捨金幣。高閣山聳，長廊鳥

〔註 219〕無花果之類樹木，產於喜馬拉雅山至錫蘭等地，世稱三千年一開花，值佛出世才開。

〔註 220〕佛教中把正在開放的白蓮花叫作分陀利，見《一切經音義》三。

跂。像設既固，律儀甚嚴，率徒宣經，與眾均福。故聞者敬而觀者信，如來之教，知所慕焉。

嘗從容鄉里，指於北原而告其諸弟曰：「此吾之所息也，為其識之。」……弟子比丘尼如壹等，服勤有年，號奉遺教。杖而會葬者數百千……

（據《唐代墓誌彙編》《韋和尚墓誌銘》）

唐咸陽安國寺寂照

大德號寂照，字法廣，族龐氏，京兆興平人。父詮，灌鍾府折衝，鎮於咸陽馬跑泉精祠。母竇氏，嘗夢禮掌塔，既而有娠，不嗜葷腴，及產，吮而不啼，愍而始誰。

竇氏日滋善種，福塍穎碩，請介處不饍，其夫許之。塊然若居士之室，太常之齋也……遂同謁總持寺積禪師，始具五戒。大德隸執莛，年防七歲，宇泰定者，仡如顛日。積公異之。父即留為童，俾勤汲煬。不難離別。初讀《法華經》，五行具下。次授《維摩經》《俱舍論》，未終執際，腹三百幅。眾號神童，遂毀髮焉……

大曆十四年，西明寺遇方等壇試，得度隸於慈悲寺。初隸四分，勤不交睫。即開講於海覺寺，著名兩街。後弋志於《涅槃經》、《起信論》。功汰六粗〔註 221〕，理混四生〔註 222〕。壞堤瀵積宗流於性。或有墨守慢堞，利喙三尺，一被偈答，暗革埏範。固毗耶〔註 223〕比丘不足以解疑悔也。

貞元六年，詔啟無憂王寺舍利，因遊鳳翔。擅律學者從而響臻。大德規規不怠，處眾如表，影惟直矣。或珥多羅葉〔註 224〕者，口蒲萄蔓者，不病面而鑒壁者，染爪而半月形者，悉暫由右門而出也。

十年春，將夏於清涼山。清涼山，曼殊大士〔註 225〕是司。鱗長遊之不誠，必有疾雷烈風。大德胝趼膜拜，終日不息。見若白構而梁，木散而釭。虞乳剽於霓末，戟網梅於曦表。其光大而綆直，細而螢滴。詭狀雲手，瞥影電綖。千變萬化，不可窮極。居山雪首者驚曰：「自有此山，未有此相。由大德行潔誠

〔註 221〕更緣現相之境界而生起之六種迷相。一智相，二相續相，三執取相，四計名字相，五起業相，六業係苦相。見《怨信論》。

〔註 222〕指胎生、卵生、濕生、化生，是生物與鬼神產生的方式。

〔註 223〕毗耶離城，為維摩居士所居住處。

〔註 224〕貝葉，古印度用於書寫佛經，有古代貝葉寫本。

〔註 225〕即文殊菩薩。

著也。」因履及蔚州，入到此山。險如楞伽，勢如高陟。椴檜駢植，衢柯四布。夏籟所及，百俊苔色。其下揭車夜千，綿攣芊芊。相傳云普賢地也。大德望麓一禮，五雲觸石。

越一年之大白，復賓於虢，止法會福慶寺。往來於渭濱鄠塢間十餘年。後教授於隴州。稠林槎卉，魔界日蹙。時昭義劉公邕在普潤，息女出嫁。請大德具戒焉。元和初，釁鍾創巨，戚難跂及。及三年，於成陽魏店立尊勝幢。祈禱法界也。其年，功德使請住安國寺。尋移聖容院。俾二望僧主之。錫二時服，各隸七人。大德一數也。

自長慶中、寶曆末，大和初，皆駕幸安國寺。大德導於前蹕。儀形偈答，不隔旒纊。因詔入內。夏於神龍寺。大和二年來延唐寺。數乎菩提，恤乎禪那。

洎七年冬季上弦而疾，下弦而病。將化之夕，異香滿風，體可折支。其月闍維於寺北原。僧年七十六，僧夏五十七。置幢於積祖師塔院。門人神晏啟初紀日於幢，其詞蔚然矣。門人律大德智文，其行惟肖。門人契玄，駕說者也……門人興善寺實相上人……請詞其德……

（據《金石萃編》卷一百八《大唐安國寺故內外臨壇大德寂照和上碑銘》）

唐岐陽法門寺佛陀薩

有佛陀薩者。其籍編於岐陽法門寺，自言姓佛氏。陀薩其名也。常獨行岐隴間。衣黃持錫。年雖老，然其貌類童騃。好揚言於衢中，或詬辱群僧。僧皆怒斥焉。其資膳袭紓，俱乞於里人。里人憐其愚。厚與衣食。以故資用獨饒於群僧。陀薩亦轉均於里中窮餓者焉。里人益憐其心，開成〔註226〕五年夏六月，陀薩召里中民告曰：「我今夕死矣。汝為吾塔瘞其屍。」果端坐而卒。於是里中之人，建塔於岐陽之西崗上。漆其屍而瘞焉。後月餘，或視其首，髮僅寸餘。弟子即剃去。已而又生，里人大異。遂扃其戶。競不開焉。（出《宣室志》）

（據《太平廣記》〔註227〕卷九十八）

〔註226〕開成：唐文宗李昂的年號，即公元836～840。
〔註227〕【宋】李昉：《太平廣記》，北京：中華書局，2008年。

唐長安勤策

勤策尼者，扶風馬公左武衛中候順之季女，大招福寺郯法師之猶子子也。幼而聰慧，性善管絃，耳所一聞，心便默記。仁賢溫克，尤重釋門。父母違而嫁之，遂適隴西李氏，宿衛榮之貴妻。自入夫門，便為孝婦。雖居俗禮，常樂真乘。每持《金剛經》，無閒於日，迨十許稔。不意染綿羸之疾，藥物不救，委臥匡床，由是（下殘）心捨俗從道（下缺）〔註 228〕……

（據《隋唐五代墓誌彙編·北京卷》第一冊《沙彌尼清真塔銘》）

唐通明

師諱通明，字霞光，京兆溫秀人民。幼而端凝，早習佛法。德以懷遠，義以得眾，遂居此地，數十餘年。胸藏西意，鐸振西方。於六月初四日撒手坐脫，飄爾而去。眾等舉念，修建靈塔。

（據《唐代墓誌彙編》《通明塔銘》）

唐繼業

繼業三藏姓王氏，耀州人，隸東京天壽院。乾德二年，詔沙門三百人入天竺，求舍利及貝多葉書，業預遺中。至開寶九年，始歸寺。所藏《涅槃經》一函，四十二卷。業於每卷後，分記西域行程。雖不甚祥，然地理多略可考，世所罕見，錄於此，以備國史之闕。業自階州出塞，西行靈武、西涼、甘、肅、瓜、沙等州，入伊吾、高昌、焉耆、于闐、疏勒、大石諸國。度雪嶺，至布路州國。又度大曲嶺，雪山，至伽濕彌羅國，西等大山，有薩埵太子投崖飼虎處。遂至犍陀羅國，謂之中印度。又西至庶流波國及左爛陀羅國，國有二寺。又西過四大國，至大麯女城。南臨陷牟河，北背恒河，塔廟甚多，而無僧尼。又西二程，有室階故基。又西行波羅奈國。兩城相距五里，南臨恒河。又西北十許里，至鹿野苑塔廟，佛跡最多。業自云，別有傳記，今不傳矣。南行十里，渡恒河，河南有大浮圖。自鹿野苑西至摩羯提國，館於漢寺，寺多租入，八村隸焉，僧徒往來如歸。南與杖林山相直，巍峰自然。山北有憂波掬多石室及塔廟故基。南百里，有孤山，名雞足三峰，云是迦葉入定處。又西北百里，有菩提

〔註 228〕原志殘缺，不詳地望。據《唐兩京城坊考》卷二：兩京城內崇義坊有招福寺，故定此尼所居寺在長安城內。

寶座城，四門想望，金剛座自其中。東向至東尼連禪河，東岸有石柱，記佛舊事。自菩提座東南五里，至佛苦行處。又西三里，至三迦葉村即牧牛女池，金剛座二。北門外有師子國伽藍。又北五里，至迦耶城。又北十里，至迦耶山，云是佛說《寶雲經》處。又自金剛座東北十五里，至正黨山。又東北三十里，至骨磨城。業館於段羅寺，謂之南印度諸國僧多居之。又東北四十里，至王舍城。東南五里，有降醉象塔。又東登大山，細路盤斜，有舍利子塔。又臨澗，有下馬迎風塔，度絕壑，登山頂，有大塔廟，云是七佛說法處。山北平地，又有舍利本生塔。其北山半曰鷲峰，云是佛說《法華經》處。山下即王舍城。城北山址，有溫泉二十餘井。又北有大寺及伽蘭陀竹園故跡。又東有阿難半身舍利塔。溫湯之西，有平地。直南登山腹，有畢缽羅窟。業止其中，誦經百日而去。窟西復有阿難證果塔。此去新王舍城八里，日往乞食，會新王舍城，中有蘭若，隸漢寺。又有樹提迦故宅城，其西有輪王塔。又北十五里，有那爛陀寺，寺之南北，各有數十寺，門皆西向，其北有四佛座。又東北十五里，至迦濕彌羅漢寺，寺南距漢寺八里許。自漢寺東行十二里，至卻提希山。又東七十里，有鴿寺。西北五十里，有支那西寺，古漢寺也。西北百里，至花氏城，阿育王故都也。自此渡河，北至毗耶離城，有維摩方丈故跡。又至拘尸那城及多羅聚落，逾大山數重，至泥波羅國。又至磨逾裏，過雪嶺，至三耶寺。由故道，自此入階州。太祖已宴駕，太宗即位，業詣闕，進所得梵夾舍利等，詔擇名山修習。登峨眉，北望牛心，眾峰環遂，作遂庵居，已而為寺。業年八十四而終。

（據《吳船錄》〔註229〕卷上）

唐長安崇業寺真空

禪師諱真空，俗姓申氏，馮翊郡朝邑人也。植性明悟，天資卓越，六度口口，稟自齠年，口戒深仁，行諸早歲。既而口口宿善，童子出家……

（據《隋唐石刻拾遺》〔註230〕卷下《唐崇業寺故大德禪師尼真空塔銘》）

後唐洛陽中灘浴院智暉

釋智暉，姓高氏，咸秦人也。權輿總角，萌離俗之心，不狎童遊，動循天

〔註229〕【宋】范大成：《吳船錄》，《四庫全書》本。

〔註230〕【清】黃本驥：《隋唐石刻拾遺》，《石刻史料新編·第二輯》第14冊，臺灣：新文豐出版公司，1977年。

分。欻遇圭峰溫禪師，氣貌瑰偉，虛心體道，趨其門者，淑慝旌別矣。謂暉曰：「子實材器多能之士也。」請祈攝受，二十登戒。風骨聳拔，好尚且奇。山中闃然，曾無他事，唯鉤索藏教，禪律互通，日誦百千言，義味隨嚼。聞佛許一時外學，頗精吟詠，得騷推之體。翰墨工外，小筆尤嘉，粉壁興酣，雲山在掌。恒言：「吾慕僧珍道，芬之六法，恨不與同時。對壁連圖，各成物象之生動也。」然真放達之士哉。或振錫而遊，縱觀山水，或躡屩而至，歷覽市朝。意住則留，興盡而去。或東林入社，或南嶽經行，悟宗旨於曹溪，寧勞一宿。訪神仙於阮洞，擬到三清。事以志求，時無虛度。此外採藥於山谷，救病於旅僧，惟切利他，心無別務。

洎梁乾化四年，自江表來於帝京，顧諸梵宮，無所不備，唯溫室洗雪塵垢事有闕焉。居於洛洲，鑿戶為室，界南北岸，葺數畝之宮，示以標牓，召其樂福業者占之。未期漸構，欲閏皆周，浴具僧坊，奐焉有序。由是洛城緇伍，道觀上流，至者如歸，來者無阻。每以合朔後五日，一開洗滌，曾無間然。一歲則七十有餘會矣。一浴則遠近都集三二千僧矣。暉躬執役，未嘗言倦。又以木舄承足，枲麻縫衣，彼迦葉波相去幾何哉。其或供僧向暇，吟詠餘閒，則命筆墨也，緬想嘉陵碧浪，太華蓮峰，凝神邈然，得趣乃作。五溪煙景，四壁寒林，移在目前，暑天凜冽矣。加復運思奇巧，造輪汲水，神速無比。復構應真浴室，西廡中十六形象並觀自在堂彌年完備。時楊侍郎凝式致政，佯狂號楊風子者，而篤重暉為，作碑頌德。莫測所終。

（據《宋高僧傳》卷二十八《興福》）

梁重雲暉禪師

重雲禪師智暉，生咸秦高氏。總角時，即好遊佛寺。喜動顏色，自誓出家。年二十受滿足，印心於白水仁禪師，因愛中灘山水，創屋居之，號溫室院。日以施水，給藥為事。有比丘患白癩，眾惡之，師引歸，日夕與摩洗，久之，忽神光異香煥發，失僧所在，視瘡痂皆異香也。梁開平〔註231〕中，思故山，乃還終南圭峰。於是翛然深往，獨步岩石，徘徊顧望，忽見磨衲數珠，銅瓶棕笠，在石壁間，觸之即壞，宛如常寢處。遂恍然曰：「此吾前身道具也。」因就其處建寺，以酬昔因。方剃草有祥雲，出眾峰間，遂名重雲。虎豹引去，

〔註231〕開平：五代十國時期後梁皇帝朱全忠的年號，即公元907～911年。

有龍湫險惡不可犯，師夷之為路，龍亦去之。後唐明宗〔註 232〕聞而嘉歎，賜額曰長興。住持四十餘年，接引後學，老而無倦。節度使王彥超，微時嘗從暉遊，願為沙門，暉曰：「汝世緣深，當為吾家垣牆。」彥超後果鎮永興，於是益敬師。周顯德〔註 233〕三年夏，詣別彥超，囑以山門事。初秋體尚無恙，忽說偈曰：「我有一間舍，父母為修蓋；住來八十年，近來覺損壞；早擬移他處，事涉有憎愛；待他摧毀時，彼此無相礙。」乃加趺而化，閱世八十有四，臘六十四，塔於本山。

（據《補續高僧傳》〔註 234〕卷六《習禪》）

覺宗

覺宗，字道玄，別號松溪，扶風南氏子。世業儒。母陳氏，奉佛彌謹，每歲首，嘗過法門寺飯僧。一日晝寢，夢法門坦公授己玉像，高僅寸許，己接而吞之，遂娠。陳氏告其夫，夫遣人過寺候之，坦公適其日化去，因相誓曰：「若得一子，必令出家事佛。」誕之日，室有光，空鳴梵音，聞者驚異。既成童，絕葷茹，無戲弄，喜於靜處跏趺，父母以師，不忘宿因。將行其誓，會蒙古兵入境，父子不能相保，師被執入武川。給侍軍主太傅公淳，謹異他侍，太傅公奇之，許令出家，乃詣嬀川〔註 235〕青山寺林法師處剃度，因泣下曰：「吾父母安在，兒今已出家矣。」不三年，通諸經，從武川英公，聽《華嚴疏》，五年揭其底蘊。遊神華藏海中，縱橫得妙，座下龍象，無出師右者，繇是名稱遠聞。自以說食，不可期飽，走見聖因，聖因老禪匠也。問曰：「聞子情《華嚴》，何不開講度生，來此何為？」師曰：「生死事大。」因曰：「自從識得曹溪路，了知生死不相關，子如何會。」師擬議，因喝之。師出，因召云：「上座。」師回首，因曰：「分明認取。」師領其旨。次日上方丈曰：「昨日蒙和尚一喝，某甲有個見處。」因曰：「試舉看。」師拂袖便出，因笑而可之。憲宗〔註 236〕元年，磐山令遣書聖因，求主靈山法席者，因曰：「無如覺宗。」遂以師應命，行之以偈曰：「十載志如鐵，玄關皆透徹；

〔註 232〕即五代十國時期後唐皇帝李嗣源，公元 926～933 年在位。《舊唐書》卷三十五至卷四十四、《新唐書》卷六有本紀。

〔註 233〕顯德：五代十國時期後周皇帝郭威的年號，即公元 954～960 年。

〔註 234〕【明】釋明河：《補續高僧傳》，《卍新纂續藏經》本。

〔註 235〕即今北京延慶，嬀是延慶縣一條河的名字，全名嬀水河。

〔註 236〕即元憲宗蒙哥，公元 1251～1259 年在位。《元史》卷三有本紀。

跳出荊棘林，踏破澄潭月。好向孤峰頂上行，靈光獨耀無時節。」師升堂說法，十餘年間，眾至數千，增飾佛宇，金碧之輝，照映泉石叢，林所宜有，無不畢備，靈山復大振，與諸鉅剎齒。至元〔註 237〕四年，潭柘龍泉住持文公退隱西堂，師補其處，法席視靈山為尤盛，師道貌修整，臨眾儼然，人望之生畏敬心。然門庭孤峻，不以一言之合，一機之契，便爾許可，必潛觀嘿審，了然無疑於心。然後首一肯，故衲子望崖而退者居多。以至元某年坐蛻，塔於潭柘。

（據《補續高僧傳》卷十三《習禪》）

宋代鄠縣白雲山淨居寺得利

講經律論臨壇僧道雅書並題額

夫寂滅之道，寒暑無以迭遷；妙極之源，生死無以交謝。良由空華生乎翳目，輪轉出乎妄心。若非大明，難除重闇，況乃滅無所滅，生無所生，身存身亡，誰取誰捨，不以驚懼於懷者，即白雲和尚矣。

師諱得利，字子益。姓王氏，京兆府高陵人也。祖、父並儒門之士。母性仁慈。始自幼年，不為童戲。宿植善本，深慕歷門；誓志出家，辭京棄俗。遂依鄠縣白雲山淨居禪院守鑒大師肄承佛業，朝參夕奉，未嘗懈然。於天禧〔註 238〕三年慶蒙睿澤，削髮受具。著如來衣，脫三界之塵累，履一真之正路。宏道為美，積德為欣。乃南訪禪宗，研味經律，定根益固，慧目增明。

既還白雲住持淨剎，締構華宇，繪飾聖容。不以榮辱而見憂喜。非施則不受，非時則不食，焚誦無輟，孜孜是務。持《法華》、《金剛》、《彌勒上生》三經計十大藏，由是心地無塵，慈雲有潤；德夙遠振，高譽遐飛。復詣鄉邑，住毗沙隆昌寺度小師一人，法稱惠滿，實慶曆〔註 239〕三年乾元聖節試中經業。抑亦性閒，了義續慧，焰以長暉，拔濟含靈，俾正法而悠久，自非師資敦遇，宿契宏因者，何其使然耶？

師以治平〔註 240〕三年十一月十一日託疾而化，僧臘四十七，俗壽七十一。門人惠滿，荼毗收骨瘞於幡竿村古佛院所。迄元符元年建成萃堵，每歲開闡

〔註 237〕至元：元世祖忽必烈的年號，即公元 1264～1294 年。
〔註 238〕天禧：北宋真宗趙恒的年號，即公元 1017～1021 年。
〔註 239〕慶曆：北宋仁宗趙禎的年號，即公元 1041～1048 年。
〔註 240〕治平：北宋英宗趙曙的年號，即公元 1064～1067 年。

真乘，仰伸報效，以其先師之道業，顧得為記，余深愧無文，直而書之。

二年己卯十月鄜畤庚子趙宗輔記。

（據《金石萃編》卷百四十二《鄠縣利師塔記》）

宋萬年義井寺崇遠

……師諱崇遠，姓荊氏，京兆萬年人也。曾、高之下，家世業農，積善傳芳，代為著姓。師居家廉正，閭裏稱賢，不喜喧嘩，未嘗戲笑，其性淳厚，其言簡直。居一日，喟然歎曰：「塵勞愛網，無有出期；生死大事，如何為備。」遂乃頓捐俗累，決志出家。建中靖國之初，依牛頭山福昌寺〔註241〕傳大乘戒律德沙門惟省為師，稟教落髮進具之後，三業〔註242〕無瑕，梵行既嚴，仁風外著。崇寧乙酉歲，有大檀越故贈武義大夫韋公宗禮，率眾具禮，請住神禾原〔註243〕義井寺，仍施田三百畝，以助供僧之用。師應緣而往，隨力經營，三二年間，安眾所須無不嚴備。韋公又施大藏經五百函，師每焚香披覽，目照心印，三復其文，雖酷暑祁寒而手不釋卷。寺務之外，閱週三遍，得非信佛言而解佛理者乎。師安眾住持二十餘年，興修殿宇九十餘間，供佛延僧年無虛日。鑄大鐘一頂，起重閣以安之。至於名花甘木，森然行列，每有高道之士，多居師席西，四事〔註244〕供承無不周足。度門人子秀、子潤、子澤、子璋、子昱、子才、子昌、子嚴等八人，師孫宗覺、宗正、宗寶、宗定、宗義等五人。師功德兼濟，利及自他，清淨之風聞於遐邇，得非解佛理而行佛事者乎。以靖康丙午歲六月示疾，二十三日昧旦，召門人子璋集眾念誦，師即跏趺端坐，合掌正念，於佛聲磬韻之中寐然入滅。停經四日，顏貌如初，仍有異香騰於庭宇。嗚呼，唯師末後一著特奇過人，得非果有所證乎。師享壽七十三，僧臘二十六，即於其月二十六日，門人奉全身葬於寺西，起磚塔以表之。是日也，有雲如蓋，蔽日清涼。葬事既周，雲銷日出，感應又如此焉……

（據《金石續編》卷二十《故義井寺住持遠公和尚塔銘》）

〔註241〕在西安舊城南二十里處，創建於唐貞觀六年（公元632），原名牛頭寺；宋太宗太平興國中（公元976～984年）改此名，不久仍恢復「牛頭」之名。

〔註242〕指身、口、意三業。

〔註243〕西安舊城南三十五里，子午谷之北。

〔註244〕滿足佛、僧等日常生活所需的衣服、飲食、臥具與醫藥，或指衣服、飲食、湯藥與房舍。

金興平明因院德誠

……師諱德誠，字信之。世嗣乾州武功縣田氏之子。幼日聚沙戲之而猶為佛塔。長季慕道，辭親而願入僧門。遂於京兆府興平縣寶林陀苾芻善江之庭，待而不厭，勞而不怨，磨而不磷，涅而不緇。十九歲中，方逢落髮，即元祜四年〔註245〕冬月也。□□乃□質好音，志宏性直，不學守株待兔，便乃訪法擔簦第。歷二京師，參多士，虛而往則實可歸。德以□則名可大，隴州潛和尚亦吾家龍象也。知師聞望，傳戒與之。政和〔註246〕四年，聞丞相種公許師奇古衣□紫□師子辯才大師。於後教風大扇，佛日增輝，法輪遍轉，關中學士爭延座下□□□□薦領百人□□□識因明等□季虛□僅三十年矣。每於講暇，□誦《蓮經》，雖乃詞鋒□□法印□□□功不休□□不□□。智囊學海，包括非一；丈二文吼，石輸金激。問有千義萬義，廣場之中多有成名□□拔萃不群如□□等□由師而起。陝右講匠僧傑，大半皆師登門客也。於法門寺塔四十年〔註247〕中，□□□□□建百師會，二□師為檀首，二□樞密趙公請住明因院，改故重新。有實相院舊基，前臨宮道，後□□□□□□車馬□繁思□□□□清超，盡遷隘寺，全上高岡，面對南山，眼觀渭水，構屋立像，□□天成。偶□赴請，□界道過武功郊□□□□□□□□誤落一牙，主人收惜，覆帛藏之。後取瞻玩，牙生感應□□傍一象豆上□如痲，與玉爭明，緇白歎異。俗壽七十七，僧臘五十八。度門弟子六人，曰：法潤、法雲、法□、法遠、法培。傳戒小師十一人，曰：意清、惠通、廣教、法□、道溥、清惠、海洪、法然、善學、圓爽。天德二年秋夜，□□□臥驚失□出戶過閣，小徑徘徊，東有懸崖，約高二丈，飛身誤墜，下坐儼然，語笑清冷，襟帶完結，倘非神物護衛，安能毫髮無危。是年三月初三日，忽入寂滅之界，靡示少疾之因，觀心無常，絕食□粥半粒，觀身不淨，唯飲清水十朝。至十二日，索沐浴湯，著鮮潔服，曲肱而臥，掩目而終。當折膠墮指之時，有肌膚柔軟之異，面□桃紅色，還若壯年時。停喪七日，弔客盈門，

〔註245〕根據塔銘下文所錄卒年、世壽、僧臘數以及這裡提到的出家年歲計算，疑有誤，似當作元祐七年（公元1092年）。

〔註246〕政和：宋徽宗趙佶的年號，即公元1111～1118年。

〔註247〕法門寺位於陝西省扶風縣北法門鎮，初創於東漢桓、靈時期，原名阿育王寺，隋唐先後改名成實道場、法門寺、法雲寺，宋名崇真寺。因藏釋迦佛指骨舍利一節，唐時建護國真身塔，明萬曆年間（公元1573～1620年）重修，1981年塔西半壁倒塌，1987年春由考古文博部門正式發掘地宮。

巾冠總角之流、摩肩疊足之望，縞緇迅集，悲喜交並。悲則異其人，喜則異其事。將臨宅兆，預請諸師建壇、演尸羅之文。靈園萬象，隔棺傳德口之戒口後一人。夜當黑月三霄，頓現白光二道，自靈堂幕下而來，至佛事場中而住，人人備睹，漸漸潛消。翌日舉棺，葬於寺右，壙深二丈，士起一口。庶俗哀號口乎感應掬土在手，尋得戒珠，一人喜悅騰聲，四遠欣然響應。以口以口口口爭尋成坎、成坑，培築復陷〔註 248〕……大定五年八月十日小師僧法遠立石。

（據《金石續編》卷二一《大金故辯才大師誠公戒師塔銘》）

金耀州妙德禪院善浦

師諱善浦，京兆城東人也。俗姓馮氏，五代宰相可道六世孫。母祿氏夜口口口口光貫胸，覺而有妊，祿氏心許出家。師既生，天資醇厚，始絕乳，弗喜口口口口口口京兆臥龍禪院主僧惠初為師，克勤持誦。至二十二歲，試經削口口口口口口口僧者，本欲越愛河、登彼岸，豈反修飾人事，趨競齋供，如繭自縛口口口口口口十餘年間，雲門、雪峰，一皆參歷。及再歸，依香嚴謹禪師口口口口公口口口口口口孟嘗門下新添劍客。首座講曰：「鏌鋣未用，利鈍焉知？」公曰：伯口口口口口是知音者，若善浦口開正眼了見根口但曰：「欲傳非子不可。」翌日口口口法。時宋宣和〔註 249〕元年，董待制知府事，請師口修聖壽。自是之後，或住天口或居口口，爰經兵火，歷更數郡禪剎。至皇統〔註 250〕三年，知耀州李寧遠以妙德珂口告口口口其人。一日，幕屬以師舉之，公欣然具禮，就京兆，還居妙德。開堂之後，郡中口口口可其志者或勸師以女眾為言，師曰：「雲房鑞鑰無口，莫惹塵埃口是妙口口口僧少造其室者，惟師自處，寂無纖翳。不半載，閭閻父老雲集，座下師口口口口口修葺堂殿，表裏一新，殊未常化人以施財為念，惟是郡民之誠持口口口口口而口口門人一名曰覺道。至天德二年，忽感疾，於當年二月十三日口口口口口口皆侍左右。師曰：「大丈夫當去住分明。」及午刻，師遂整衣，命筆口口一口，云：「清風

〔註 248〕塔銘中多述神奇感應事，姑錄於下：一、曾赴請路過武功郊外，不小心落一牙，有人收而珍藏，後取出瞻仰，發現牙白若玉，上現形象。二、秋夜失眠出戶，誤墜懸崖，結果不損毫髮、不損衣物。三、停棺時靈堂夜現白光二道。四、入葬時土中找到戒珠，大眾爭搶，反覆挖掘。

〔註 249〕宣和：宋徽宗趙佶的年號，即公元 1119～1125 年。

〔註 250〕皇統：金熙宗完顏亶的年號，即公元 1141～1149 年。

自清風，明月自明月，白雲消散後，老僧無可說。」付與覺道，結跏而化，享年六十有六，僧臘四十有四。當月十五日，覺道舉師喪，葬於華原縣流口鄉待賓村宋家莊，而起塔焉……

《金石萃編》卷一五四《前口口十方妙德禪院浦公禪師塔記》

遊長安高僧錄

晉長安竺曇摩羅刹（竺法護）

竺曇摩羅刹，此云法護〔註1〕。其先月支人，本姓支氏，世居敦煌郡。年八歲出家，事外國沙門竺高座為師，誦經日萬言，過目則能。天性純懿，操行精苦，篤志好學，萬里尋師。是以博覽六經，遊心七籍〔註2〕。雖世務毀譽，未嘗介抱。……自敦煌至長安，沿路傳譯，寫為晉文。所獲《賢劫》、《正法華》、《光贊》〔註3〕等一百六十五部。孜孜所務，唯以弘通為業，終生寫譯，勞不告倦。經法所以廣流中華者，護之力也。

護以晉武之末〔註4〕，隱居深山，山有清澗，恒取澡漱，後有採薪者，穢其水側，俄頃而燥。護乃徘徊歎曰：「人之無德，遂使清泉輟流，水若永竭，真無以自給，正當移去耳。」言訖而泉湧滿澗，其幽誠所感如此。故支遁為之象贊云〔註5〕：「護公澄寂，道德淵美，微吟窮谷，枯泉漱水，邈矣護公，天挺弘懿，濯足流沙，領拔玄致。」後立寺於長安青門外，精勤行道。於是德化遐布，聲蓋四遠。僧徒數千，咸所宗事。及晉惠〔註6〕西奔，關中擾亂，百姓流移。護與門徒避地東下至澠池，遘疾而卒。春秋七十有八〔註7〕。及晉惠西

〔註1〕竺曇摩羅刹：又云竺法護，因其先為月支人，又稱支法護。

〔註2〕這裡的《六經》指儒家的《詩》、《書》、《禮》、《樂》、《易》、《春秋》；《七籍》指劉歆所創的《七略》，非指佛教典籍。

〔註3〕《光贊》即《光贊般若經》之簡稱。

〔註4〕即晉武帝司馬炎，西晉的創立者，公元265～290年在位。《晉書》卷三有本紀。

〔註5〕支遁：公元314～366年，東晉僧人，字道林，陳留（今河南開封）人，本姓關，世稱「支公」或「林公」。其事詳見《高僧傳》卷一。

〔註6〕即晉惠帝司馬衷，公元290～306年在位。《晉書》卷四有本紀。

〔註7〕竺法護卒年，各書記載不同。陳垣先生《釋氏疑年錄》曰：「（法護）晉建光未卒，年七十八。」其書又注曰：「《出三藏記》及《高僧傳》一云：晉惠帝

奔關中擾亂百姓流移。護與門徒避地。東下至澠池。遘疾而卒。春秋七十有八。後孫綽制《道賢論》，以天竺七僧，方竹林七賢〔註 8〕，以護匹山巨源〔註 9〕。論云：「護公德居物宗，巨源位登論道。二公風德高遠，足為流輩矣！」其見美後代如此。

時有清信士聶承遠，明解有才，篤志務法。護公出經多參正文句。《超日明經》初譯，頗多煩重，承遠刪正，得今行二卷。其所詳定，類皆如此。承遠有子道真，亦善梵學。此君父子，比辭雅便，無累於古。又有竺法首、陳士倫、孫伯虎、虞世雅等，皆共承護旨，執筆詳校。安公云：「護公所出，若審得此公手目，綱領必正，凡所譯經，雖不辯妙婉顯，而宏達欣暢，特善無生，依慧不文，樸則近本。」其見稱若此。護世居敦煌。而化道周給，時人咸謂敦煌菩薩也。

（據《高僧傳》卷一《譯經》）

晉長安帛遠

帛遠，字法祖，本姓萬氏，河內人。父威達以儒雅知名，州府辟命皆不赴。祖少發道心，啟父出家，辭理切至，父不能奪，遂改服從道。祖才思俊徹，敏朗絕倫，誦經日八九千言，研味方等，妙入幽微。世俗墳素，多所該貫。乃於長安造築精舍，以講習為業，白黑宗稟，幾且千人。晉惠之末，太宰河間王顒鎮關中，虛心敬重，待以師友之敬。每至閒辰靖夜，輒談講道德。於時西府初建，後又甚盛，能言之士，咸服其遠達。

祖見群雄交爭，干戈方始，志欲潛遁隴右，以保雅操。會張輔〔註 10〕為秦州刺史，鎮隴上，祖與之俱行。輔以祖名德顯著，眾望所歸，欲令反服，為

西奔，護避地東下，卒。《開元錄》二云：護於懷、愍之世，仍更出經。」則當卒於愍帝末。

〔註 8〕孫綽：東晉人，祖籍太原中都，曾為東晉永嘉太守，遷散騎常侍，領著作郎。史言其「以文采垂稱，於時文士，綽為其冠。」與沙門支遁有過交往，《晉書》卷五十六有傳。著《道賢論》以「竹林七賢」比七道人，其分別是：以支遁比向子期、法護比山巨源、帛法祖比嵇康、法乘比王濬沖、竺法潛比劉伯倫、于法蘭比阮嗣宗、于道邃比阮咸。又《道賢論》見於《弘明集》。

〔註 9〕山巨源：即山濤，字巨源，西晉河內懷縣（今河南武陟西）人。官至侍中。「竹林七賢」之一。《晉書》卷四十三有傳。

〔註 10〕張輔：字世偉，南陽西鄂人東漢時著名天文學家、發明家張衡的後代。《晉書》卷六十有傳。

己僚佐。祖固志不移，由是結憾。先有州人管蕃，與祖論議，屢屈於祖，蕃深銜恥恨，每加讒構。祖行至汧縣〔註11〕，忽語道人及弟子云：「我數日對當至。」便辭別，作素書，分布經像及資財都訖。明晨詣輔共語，忽忤輔意，輔使收之行罰，眾咸怪惋，祖曰：「我來此畢對，此宿命久結，非今事也。」乃呼十方佛祖〔註12〕，前身罪緣，歡喜畢對，願從此以後，與輔為善知識，無令受殺人之罪。遂便鞭之五十，奄然命終。輔後具聞其事，方大惋恨。初祖道化之聲，被於關隴，崤函〔註13〕之右，奉之若神，戎晉嗟慟，行路流涕。隴上羌胡，率精騎五千，將欲迎祖西歸，中路聞其遇害，悲恨不及，眾咸憤激，欲復祖之仇。輔遣軍上隴，羌胡率輕騎逆戰，時天水故溉下督富整，遂因忿斬輔，群胡既雪怨恥，稱善而還，共分祖屍，各起塔廟。

祖既博涉多聞，善通梵漢之語，嘗譯《惟逮》、《弟子本》、《五部僧》等三部經，又注《首楞嚴經》〔註14〕，又有別譯數部小經，值亂零失，不知其名。

（據《高僧傳》卷一《譯經》）

晉長安僧伽跋澄

僧伽跋澄，此云眾現，罽賓〔註15〕人。毅然有淵懿之量，歷尋名師，備習三藏，博覽眾典，特善數經，闇誦阿毗曇毗婆沙，貫其妙旨。常浪志遊方，觀風弘化。

〔註11〕汧縣：故治在今陝西隴縣城關鎮東南，秦寧公二年（公元前714年）置，秦統一後屬內史，西晉廢。

〔註12〕十方佛祖：東、西、南、北、東北、東南、西南、西北、上、下十方都各有佛剎，稱十方佛剎。「十方」，十個方向；十方佛剎，即十方佛的國土，也即整個宇宙。即東方善德佛、南方栴檀德佛、西方無量明佛、北方相德佛、東南方無憂德佛、西南方寶施佛、西北方華德佛、東北方三乘行佛、上方廣眾德佛、下方明德佛。

〔註13〕即指崤山、函谷關。

〔註14〕即《楞嚴經》，大乘佛教經典，全名《大佛頂如來密因修證了義諸菩薩萬行首楞嚴經》，又名《中印度那爛陀大道場經，於灌頂部錄出別行》，簡稱《楞嚴經》、《首楞嚴經》、《大佛頂經》、《大佛頂首楞嚴經》。唐般剌密諦傳至中國，懷迪證義，房融筆受。印順法師認為它與《圓覺經》、《大乘起信論》屬於晚期如來藏真常唯心系的作品。由於《楞嚴經》內容助人智解宇宙真相，古人曾有：「自從一讀楞嚴後，不看人間糟粕書！」的詩句。

〔註15〕罽賓：古代中亞的一個國家或地區名，即今克什米爾地區。

符堅建元十七年，來入關中。先是大乘之典未廣，禪數之學甚盛，既至長安，咸稱法匠焉。符堅秘書郎趙正〔註 16〕崇仰大法，嘗聞外國宗習《阿毗曇毗婆沙》，而跋澄諷誦，乃四事禮供，請譯梵文遂共名德法師釋道安〔註 17〕等，集僧宣譯。跋證口誦經本，外國沙門曇摩難提〔註 18〕筆受為梵文，佛圖羅剎〔註 19〕宣譯，秦沙門敏智筆受為晉本，以偽秦建元十九年譯出，自孟夏至仲秋方訖。初跋澄又齎《婆須蜜》梵本自隨，明年趙正復請出之，跋澄乃與曇摩難提及僧伽提婆三人共執梵本，秦沙門佛念宣譯，慧嵩筆受。安公、法和對共校定，故二經流佈傳學迄今。跋澄戒德整峻，虛靖離俗，關中僧眾則而象之，後不知所終。

（據《高僧傳》卷一《譯經》）

晉長安曇摩難提

曇摩難提，此云法喜，兜佉勒〔註 20〕人。齠年離俗，聰慧夙成，研諷經典，以專精緻業。遍觀三藏，闇誦《增一阿含經》，博識洽聞，靡所不綜，是以國內遠近，咸共推服。少而觀方，遍歷諸國，常謂弘法之體，宜宣布未聞，故遠冒流沙，懷寶東入。以符氏建元中至於長安。

難提學業既優，道聲甚盛，符堅深見禮接。先是中土群經，未有《四含》，堅臣武威太守趙正欲請出經。時慕容沖〔註 21〕已叛，起兵擊堅，關中擾動，正慕法情深，忘身為道，乃請安公等，於長安城中，集義學僧。請難提譯出《中》、《增一》二《阿含》，並先所出《毗曇心》、《三法度》等凡一百六卷。佛念傳譯，慧嵩筆受，自夏迄春，綿涉兩載，文字方具。及姚萇〔註 22〕寇逼

〔註 16〕趙正：字文業，洛陽清水人，或曰濟陰人。年十八為偽秦著作郎，後遷至黃門郎武威太守。《高僧傳》卷一有傳。

〔註 17〕釋道安：俗姓衛，常山扶柳（今河北冀縣）人，魏晉南北朝時代著名高僧，淨土宗初祖慧遠之師，是中觀般若學在中國的先驅，對中國佛教的發展作出特殊貢獻，鳩摩羅什推崇他是「東方聖人」，在當時有「彌天釋道安」的美譽。《高僧傳》卷五有傳。

〔註 18〕曇摩難提：又民法喜，兜佉勒人。《高僧傳》卷一有傳。

〔註 19〕《高僧傳》卷一《譯經》記載「佛圖羅剎不知何國人，德業純粹，該覽經典。久遊中土，善閑漢言，其宣譯梵文，見重符世。」

〔註 20〕兜佉勒：即吐火羅，古代塔里木盆地（在蔥嶺西、烏滸河南一帶）的游牧民族。

〔註 21〕慕容沖：小字鳳皇，十六國時期西燕國君主，鮮卑人。

〔註 22〕姚萇：字景茂，南安赤亭（今甘肅隴西西）人，羌族。十六國時期後秦政權

關內，人情危阻，難提乃辭還西域，不知所終。

（據《高僧傳》卷一《譯經》）

晉廬山僧伽提婆

僧伽提婆，此言眾天，或云提和，音訛故也。本姓瞿曇氏，罽賓人。入道修學，遠求明師，學通三藏，尤善《阿毗曇心》〔註23〕，洞其纖旨。常誦《三法度論》，晝夜嗟味，以為入道之府也。為人俊朗有深鑒，而儀止溫恭，務在誨人，恂恂不怠。符氏建元中，來入長安，宣流法化。

初僧伽跋澄出《婆須蜜》，及曇摩難提所出《二阿含》、《毗曇》、《廣說》、《三法度》等，凡百餘萬言。屬慕容之難，戎敵紛擾，兼譯人造次，未善詳悉，義旨句味，往往不盡。俄而安公棄世，未及改正。後山東清平，提婆乃與冀州沙門法和俱適洛陽。四五年間，研講前經，居華稍積，博明漢語，方知先所出經，多有乖失。法和慨歎未定，乃更令提婆出《阿毗曇》及《廣說》眾經。頃之，姚興王秦，法事甚盛，於是法和入關。而提婆渡江，先是廬山慧遠法師翹勤妙典，廣集經藏，虛心側席，延望遠賓，聞其至止，即請入廬嶽。以晉太元中，請出《阿毗曇心》及《三法度》等。提婆乃於般若臺手執梵文，口宣晉語，去華存實，務盡義本，今之所傳，蓋其文也。

至隆安元年來遊京師，晉朝王公及風流名士，莫不造席致敬。時衛軍東亭侯琅琊王珣〔註24〕，淵懿有深信，荷持正法，建立精舍，廣招學眾。提婆既至，珣即延請，仍於其舍講《阿毗曇》，名僧畢集。提婆宗致既精，詞旨明析，振發義理，眾咸悅悟。時王彌亦在座聽，後於別屋自講，珣問法綱道人：「阿彌所得云何？」答曰：「大略全是，小未精敷耳。」其敷析之明，易啟人心如此。其冬，珣集京都義學沙門釋慧持等四十餘人，更請提婆重譯《中阿含》等，罽賓沙門僧伽羅叉執梵本，提婆翻為晉言，至來夏方訖。其在江洛左右，所出眾經百餘萬言，歷遊華戎，備悉風俗，從容機警，善於談笑。其道化聲譽，莫不聞焉，後不知所終。

（據《高僧傳》卷一《譯經》）

的開國君主，公元384～393年在位。《晉書》一百十六有傳。

〔註23〕即《雜阿毗曇心論》。

〔註24〕王珣，字元琳，小字法護，東晉琅邪臨沂人。著名書法家王導之孫，王洽之子，王羲之再從侄。累官左僕射，尚書令。《晉書》卷九十二有傳。

晉長安竺佛念

竺佛念，涼州人。弱年出家，志業清堅，外和內朗，有通敏之鑒。諷習眾經，粗涉外典〔註 25〕，其蒼雅〔註 26〕詁訓，尤所明達。少好遊方，備觀風俗，家世西河，洞曉方語，華戎音義，莫不兼解，故義學〔註 27〕之譽雖闕，洽聞之聲甚著。

符氏建元中，有僧伽跋澄、曇摩難提等入長安，趙正請出諸經，當時名德莫能傳譯，眾咸推念，於是澄執梵文，念譯為晉。質斷疑義，音字方明。至建元二十年五月，復請曇摩難提出《增一阿含》及《中阿含》〔註 28〕，於長安城內，集義學沙門，請念為譯，敷析研核，二載乃竟。二含之顯，念宣譯之功也。自世高〔註 29〕、支謙〔註 30〕以後，莫踰於念，在符姚二代〔註 31〕為譯人之宗，故關中僧眾，咸共嘉焉。後續出《菩薩瓔珞》、《十住斷結》及《出曜》、《胎經》、《中陰經》〔註 32〕等，始就治定，意多未盡，遂爾遘疾，卒於長安，遠近白黑〔註 33〕，莫不歎惜。

（據《高僧傳》卷一《譯經》）

晉江陵辛寺曇摩耶舍

曇摩耶舍，此云法明，罽賓人。少而好學，年十四為弗若多羅所知。長

〔註 25〕外典：佛教把佛教以外的教派、典籍斥之為「外道」、「外典」。此外「內外該覽」是說博覽群書。

〔註 26〕蒼雅：蒼應指倉頡，我國古代傳說中的漢字創造者。雅擬指《爾雅》，為我國最早的字書。

〔註 27〕義學：多與「禪學」相對而言，佛教把鑽研佛理，解釋佛經（的僧人）稱為「義學」（僧人）。

〔註 28〕《增一阿含經》、《中阿含經》、《長阿含經》、《雜阿含經》合稱為「四阿含」，是小乘佛教的重要經典。

〔註 29〕世高：即安世高，名清。東漢時僧人。原為安息國太子，東漢建和二年（公元 148 年）經西域來洛陽，先後譯出《安般守意經》、《陰持入經》、《人生本欲經》等三十四部佛經。主要宣揚小乘佛教「說一切有部」的「毗曇」學說和禪定理論。祥見《出三藏記集》卷十三、《高僧傳》卷一。

〔註 30〕支謙：三國時吳國佛經翻譯家，居士（未出家而信仰佛教的人），為月支後裔。受業於支亮，支亮受業於支讖（支樓伽讖），世稱「三支」。《高僧傳》卷一有傳。

〔註 31〕指前、後秦兩代。

〔註 32〕即《菩薩瓔珞經》、《十住斷結經》、《出曜經》、《胎經》、《中陰經》。

〔註 33〕黑白：這裡指出家人和「俗人』。

而氣乾高爽，雅有神慧，該覽經律，明悟出群。陶思八禪，遊心七覺，時人方之浮頭婆馱。孤行山澤，不避豺虎，獨處思念，動移宵日。嘗於樹下每自剋責，年將三十，尚未得果，何其懈哉。於是累日不寢不食，專精苦到，以悔先罪。乃夢見博叉天王〔註 34〕語之曰：「沙門當觀方弘化，曠濟為懷，何守小節獨善而已。道假眾緣，復須時熟，非分強求，死而無證。」覺自思惟，欲遊方授道，既而踰歷名邦，履踐郡國。

至義熙中來入長安。時姚興僭號，甚崇佛法，耶舍既至，深加禮異。會有天竺沙門曇摩掘多來入關中，同氣相求，宛然若舊。因共耶舍譯《舍利弗阿毗曇》，以偽秦弘始九年初書梵書文，至十六年翻譯方竟。凡二十二卷，偽太子姚泓親管理，沙門道標為之作序。

耶舍後南遊江陵，止於辛寺，大弘禪法，其有味靖之賓，披榛而至者，三百餘人。凡士庶造者，雖先無信心，見皆敬悅。自說有一師一弟子修業，並得羅漢，傳者失其名。又嘗於外門閉戶坐禪，忽有五六沙門來入其室。又時見沙門飛來樹端者，往往非一，常交接神明，而俯同蒙俗，雖道跡未彰，時人咸謂已階聖果。至宋元嘉中，辭還西域，不知所終。

（據《高僧傳》卷一《譯經》）

晉長安鳩摩羅什

鳩摩羅什，此云童壽〔註 35〕，天竺人也，家世國相。什祖父達多，倜儻不群，名重於國。父鳩摩炎，聰明有懿節，將嗣相位，乃辭避出家，東度蔥嶺。龜茲王聞其棄榮，甚敬慕之，自出郊迎，請為國師。王有妹，年始二十，識悟明敏，過目必能，一聞則誦。且體有赤黶，法生智子，諸國娉之，並不肯行。及見摩炎，心欲當之，乃逼以妻焉，既而懷什。什在胎時，其母自覺神悟超解，有倍常日。聞雀梨大寺〔註 36〕名德既多，又有得道之僧，即與王族貴女，德行諸尼，彌日設供，請齋聽法。什母忽自通天竺語，難問之辭，必窮淵

〔註 34〕即廣目天王，佛教用語，梵名「毗留博叉」，四天王天之一，據說他能以清淨天眼觀察護持世界，故名。他居於須彌山白銀埵，率領諸龍族及富單那（臭餓鬼）等守護西方瞿耶尼洲。

〔註 35〕鳩摩羅什：又作摩羅耆婆、拘摩羅耆婆、摩羅耆婆、鳩摩羅。其事《出三藏記集》卷十四、《晉書》卷九十五亦載。

〔註 36〕雀梨大寺：《水經注》引道安《西域記》云：「龜茲國北四十里山上有寺，名雀梨大清寺。」

致，眾咸歎之。有羅漢達摩瞿沙曰：「此必懷智子，為說舍利弗〔註 37〕在胎之證。」

及什生之後，還忘前言。頃之，什母樂欲出家，夫未之許，遂更產一男，名弗沙提婆。後因出城遊觀，見冢間枯骨異處縱橫，於是深惟苦本，定誓出家，若不落髮，不咽飲食。至六日夜，氣力綿乏，疑不達旦，夫乃懼而許焉。以未剃髮故，猶不嘗進。即敕人除髮，乃下飲食。次旦受戒，仍樂禪法，專精匪懈，學得初果〔註 38〕。

什年七歲，亦俱出家，從師受經，日誦千偈，偈有三十二字，凡三萬二千言。誦《毗曇》既過，師授其義，即自通達，無幽不暢。時龜茲國人，以其母王妹，利養甚多，乃攜什避之。什年九歲，隨母渡辛頭河〔註 39〕，至罽賓，遇名德法師槃頭達多，即罽賓王之從弟也。淵粹有大量，才明博識，獨步當時，三藏九部，莫不該練。從旦至中，手寫千偈，從中至暮，亦誦千偈。名播諸國，遠近師之。什至，即崇以師禮，從受《雜藏》、中、長二含〔註 40〕凡四百萬言。達多每稱什神俊，遂聲徹於王，王即請入宮，集外道論師，共相攻難。言氣始交，外道輕其年幼，言頗不遜，什乘隙而挫之，外道折伏，愧惋無言。王益敬異，日給鵝臘一雙，粳米、麵各三斗，酥六升。此外國之上供也。所住寺僧乃差大僧五人，沙彌〔註 41〕十人，營視掃灑，有若弟子，其見尊崇如此。

至年十二，其母攜還龜茲，諸國皆聘以重爵，什並不顧。時什母將什至月氏北山，有一羅漢見而異之，謂其母曰：「常當守護此沙彌，若至三十五不破戒者，當大興佛法，度無數人，與憂波掘多〔註 42〕無異。若戒不全，無能為也，正可才明攜詣法師而已。」什進到沙勒國，頂戴佛鉢，心自念言：「鉢

〔註 37〕舍利弗：釋迦十大弟子之一。

〔註 38〕初果：聲聞（聽聞佛陀言教的覺悟者）乘中第一果「預流果」是所謂「初果」（其他「三果」為一來果、不還果、阿羅漢果，共稱「四果」）。《俱舍論》卷二十三曰：「言初果者，謂預流果，此於一切沙門果中必初得故。」

〔註 39〕辛頭河：即印度河。

〔註 40〕中長二含：指《中阿含經》、《長阿含經》。

〔註 41〕沙彌：在佛教僧團中，指已受十戒，未受具足戒，年齡在七歲以上，未滿二十歲時出家的男子。

〔註 42〕憂波掘多：又作憂波毱多。《出三藏記集》卷三謂：憂波掘多為釋迦後的第五代師，曾改治「律藏」為《十誦律》。《大唐西域記》卷四記載：其每度一夫婦，置一籌，積籌滿石室（說明其剃度的弟子很多），同書卷八又記載其權阿育王建塔事。

形甚大，何其輕耶？」即重不可勝，失聲下之。母問其故，答云：「兒心有分別，故缽有輕重耳。」遂停妙勒一年。其冬誦《阿毗曇》〔註43〕，於《十門》、《修智》〔註44〕諸品，無所諮受，而備達其妙；又於《六足》諸問，無所滯礙。沙勒國有三藏沙門名喜見，謂其王曰：「此沙彌不可輕，王宜請令初開法門。凡有二益：一國內沙門恥其不逮，必見勉強；二龜茲王必謂什出我國，而彼尊之是尊我也，必來交好。」王許焉，即設大會，請什升座，說《轉法輪經》〔註45〕，龜茲王果遣重使酬其親好。什以說法之暇，乃尋訪外道經書，善學《圍陀舍多論》，多明文辭製作問答等事，又博覽四圍陀〔註46〕典及五明諸論，陰陽星算，莫不必盡，妙達吉凶，言若符契，為性率達，不厲小檢，修行者頗共疑之，然什自得於心，未嘗介意。

時有莎車王子、參軍王子兄弟二人，委國請從而為沙門。兄字須利耶跋陀，弟字須耶利蘇摩。蘇摩才伎絕倫，專以大乘為化，其兄及諸學者，皆共師焉，什亦宗而奉之，親好彌至。蘇摩後為什說《阿耨達經》〔註47〕，什聞陰界諸入皆空無相，怪而問曰：「此經更有何義，而皆破壞諸法。」答曰：「眼等諸法非真實有。」什既執有眼根，彼據因成無實，於是研核大小，往復移時。什方知理有所歸，遂專務方等，乃歎曰：「吾昔學小乘，如人不識金，以鍮石為妙。」因廣求義要，受誦中、百二論及《十二門》〔註48〕等。

頃之，隨母進到溫宿國〔註49〕，即龜茲之北界。時溫宿有一道士，神辯英秀，振名諸國，手擊王鼓，而自誓言：「論勝我者，斬首謝之。」什既至，以二義相檢，即迷悶自失，稽首歸依，於是聲滿蔥左，譽宣河外。龜茲王躬往溫宿，迎什還國，廣說諸經，四遠宗仰，莫之能抗。時王子為尼，字阿竭耶末帝，博覽群經，特深禪要，云已證二果。聞法喜踴，乃更設大集，請開方等經奧。什為推辯「諸法皆空無我」，分別「陰界假名非實」，時會聽者莫不悲感追

〔註43〕此處《阿毗曇》應指佛教經、律、論「三藏」中的「論藏」。

〔註44〕《發智論》（全稱《阿毗達摩發智論》）全書分八蘊四十四納息（相當於八章四十四節），其中結蘊有《十門品》，智蘊有《修智品》，此處《十門》、《修智》應指上述。

〔註45〕《轉法輪經》：《轉法輪經優婆提舍經》之異名。

〔註46〕圍陀：又作韋陀、毗陀、新譯吠陀、吠馱等，意譯為明智、明分等，為印度婆羅門教所傳經典之名。

〔註47〕《阿耨達經》：也名《弘道廣顯三昧經》，西晉時竺法護曾譯此經。

〔註48〕即《十二門論》。

〔註49〕溫宿國：西域古國，唐為溫宿州，一曰於祝，在今新疆烏什縣。

悼，恨悟之晚矣。至年二十，受戒於王宮，從卑摩羅叉學《十誦律》。

有頃，什母辭往天竺〔註 50〕，謂龜茲王白純曰：「汝國尋衰，吾其去矣。」行至天竺，進登三果〔註 51〕。什母臨去謂什曰：「方等深教，應大闡真丹〔註 52〕，傳之東土，唯爾之力，但於自身無利，其可如何？」什曰：「大士之道，利彼忘軀。若必使大化流傳，能洗悟蒙俗，雖復身當爐鑊，苦而無恨。」於是留住龜茲，止於新寺。後於寺側故宮中，初得《放光經》〔註 53〕，始就披讀。魔來蔽文，唯見空牒，什知魔所為，誓心踰固，魔去字顯，仍習誦之。復聞空中聲曰：「汝是智人，何用讀此？」什曰：「汝是小魔，宜時速去。我心如地，不可轉也。」停住二年，廣誦大乘經論，洞其秘奧。龜茲王為造金師子座〔註 54〕，以大秦錦褥鋪之，令什升而說法。什曰：「家師猶未悟大乘，欲躬往仰化，不得停此。」俄而大師盤頭達多不遠而至。王曰：「大師何能遠顧？」達多曰：「一聞弟子所悟非常，二聞大王弘贊佛道，故冒涉艱危，遠奔神國。」什得師至，欣遂本懷。為說《德女問經》，多明因緣空假，昔與師俱所不信，故先說也。師謂什：「。汝於大乘見何異相，而欲尚之？」什曰：「大乘深淨，明『有法皆空』，小乘偏局，多諸漏失。」師曰：「汝說一切皆空，甚可畏也，安舍有法而愛空乎。如昔狂人，令績師績線，極令細好，績師加意，細若微塵，狂人猶恨其粗，績師大怒，乃指空示曰：『此是細縷。』狂人曰：『何以不見。』師曰：『此縷極細，我工之良匠猶且不見，況他人耶。』狂人大喜，以付織師，師亦效焉。皆蒙上賞，而實無物，汝之空法，亦由此也。」什乃連類而陳之，往復苦至，經一月餘日，方乃信服。師歎曰：「師不能達，反啟其志，驗於今矣。」於是禮什為師，言：「和上是我大乘師，我是和上小乘師矣。」西域諸國，咸伏什神俊，每年講說，諸王皆長跪座側，令什踐而登焉，其見重如此。

什既道流西域，名被東川。時符堅僭號關中，有外國前部王及龜茲王弟並來朝堅，堅引見，二王說堅云，西域多產珍奇，請兵往定，以求內附。至符堅建元十三年歲次丁丑正月，太史奏云：「有星見於外國分野，當有大德智人，入輔中國。」堅曰：「朕聞西域有鳩摩羅什，襄陽有沙門釋道安，將非此耶。」

〔註 50〕即古印度。
〔註 51〕三果：又名：「三勒」源自印度的三種植物果實，庵摩勒、毗醯勒、訶梨勒。
〔註 52〕真丹：亦作震旦等，是古印度對中國的稱呼。
〔註 53〕《放光經》：即《放光般若波羅蜜多經》之略稱。
〔註 54〕師子座：指寺院中佛、菩薩的臺座以及佛教高僧說法時的坐席。

即遣使求之。至十七年二月，善善王、前部王等，又說堅請兵西伐。十八年九月，堅遣驍騎將軍呂光〔註55〕、陵江將軍姜飛，將前部王及車師王等，率兵七萬，西伐龜茲及烏耆諸國。臨發，堅餞光於建章宮，謂光曰：「夫帝王應天而治，以子愛蒼生為本，豈貪其地而伐之乎，正以懷道之人故也。朕聞西國有鳩摩羅什，深解法相，善閒陰陽，為後學之宗，朕甚思之。賢哲者，國之大寶，若克龜茲，即馳驛送什。」光軍未至，什謂龜茲王白純曰：「國運衰矣，當有勍敵。日下人從東方來，宜恭承之，勿抗其鋒。」純不從而戰，光遂破龜茲，殺純，立純弟震為主。光既獲什未測其智量，見年齒尚少，乃凡人戲之，強妻以龜茲王女，什距而不受，辭甚苦到。光曰：「道士之操，不踰先父〔註56〕，何可固辭。」乃飲以醇酒，同閉密室。什被逼既至，遂虧其節。或令騎牛及乘惡馬，欲使墮落。什常懷忍辱，曾無異色，光慚愧而止。光還中路，置軍於山下，將士已休，什曰：「不可在此，必見狼狽，宜徙軍隴上。」光不納。至夜果大雨，洪潦暴起，水深數丈，死者數千，光始密而異之。什謂光曰：「此凶亡之地，不宜淹留。推運揆數，應速言歸，中路必有福地可居。」光從之。至涼州〔註57〕，聞符堅已為姚萇所害，光三軍縞素，大臨城南，於是竊號關外，稱年太安〔註58〕。

太安元年正月，姑臧大風，什曰：「不祥之風，當有奸叛，然不勞自定也。」俄而梁謙、彭晃相繫而叛，尋皆殄滅。至光龍飛二年〔註59〕，張掖臨松盧水胡沮渠男成〔註60〕及從弟蒙遜反，推建康太守段業〔註61〕為主，光遣庶子秦州刺史太原公纂率眾五萬討之。時論謂業等烏合，纂有威聲，勢必全克。光以訪什，什曰：「觀察此行，未見其利。」既而纂敗績於合梨。俄又郭馨〔註62〕作亂，纂委大軍輕還，復為馨所敗，僅以身免。光中書監張資，文翰溫雅，光

〔註55〕呂光：字世明，略陽（今甘肅天水秦安縣）氐人，是呂婆樓之子，十六國時期後涼國建立者。《晉書》一百二十二有傳。

〔註56〕鳩摩羅什父鳩摩羅炎曾妻龜茲王妹，故呂光以「道士之操，不逾先父」譏之。

〔註57〕涼州：古地名，即今甘肅武威。

〔註58〕太安：西晉皇帝晉惠帝司馬衷的年號，即公元301～302年。

〔註59〕龍飛：十六國後涼呂光的年號，即公元396～399年。

〔註60〕沮渠男成：臨城盧水人（今甘肅張掖），匈奴族，沮渠蒙遜之從兄，十六國時期北涼國大臣。《晉書》卷一百二十九《沮渠蒙遜傳》有記載。

〔註61〕段業：原為後涼建康太守，後建北涼，稱涼王，在位5年，沮渠蒙遜發動兵變將他俘殺。

〔註62〕郭馨：西平人，少明《老》、《易》，仕郡主簿，呂光王河西，以其為散騎常侍、太常。《晉書》卷九十五有傳。

甚器之，資病，光博營救療。有外國道人羅叉云：「能差資疾。」光喜，給賜甚重。什知叉誑詐，告資曰：「叉不能為，益徒煩費耳，冥運雖隱，可以事試也。」乃以五色繫作繩結之，燒為灰末，投水中，灰若出水還成繩者，病不可愈，須臾，灰聚浮出，復繩本形。既而又治無效，少日資亡。頃之，光又卒，子紹襲位。數日，光庶子纂殺紹自立，稱元咸寧。

咸寧二年有豬生子，一身三頭，龍出東廂井中，到殿前蟠臥，比旦失之，纂以為美瑞，號大殿為龍翔殿。俄而有黑龍陞於當陽九宮門，纂改九宮門為龍興門。什奏曰：「皆潛龍出遊，豕妖表異，龍者陰類，出入有時，而今屢見，則為災眚，必有下人謀上之變，宜克棋修德，以答天戒。」纂不納，與什博，戲殺，纂曰：「斫胡奴頭。」什曰：「不能斫胡奴頭，胡奴將斫人頭。」此言有旨，而纂終不悟。光弟保有子名超，超小字胡奴，後果殺纂斬首，立其兄隆為主，時人方驗什之言也。

什停涼積年，呂光父子既不弘道，故蘊其深解，無所宣化，苻堅已亡，竟不相見。及姚萇僭有關中，亦挹其高名，虛心要請，諸呂以什智計多解，恐為姚謀，不許東入。及萇卒，子興襲位，復遣敦請。興弘始三年三月，有樹連理，生於廣庭。逍遙園蔥變為茝，以為美瑞，謂智人應入。至五月，興遣隴西公碩德〔註 63〕西伐呂隆，隆軍大破。至九月，隆上表歸降，方得迎什入關，以其年十二月二十日至於長安。興待以國師之禮，甚見優寵。晤言相對，則淹留終日，研微造盡，則窮年忘倦。

自大法東被，始於漢明，涉歷魏晉，經論漸多，而支竺〔註 64〕所出，多滯文格義。興少達崇三寶，銳志講集。什既至止，仍請入西明閣及逍遙園，譯出眾經。什既率多諳誦，無不究盡，轉能漢言，音譯流便。既覽舊經，義多紕僻，皆由先度失旨，不與梵本相應，於是興使沙門僧䂮、僧遷、法欽、道流、道恒、道標、僧睿、僧肇〔註 65〕等八百餘人，諮受什旨，更令出《大品》〔註 66〕。什持梵本，興執舊經，以相仇校，其新文異舊者，義皆圓通，眾心愜伏，莫不欣贊。興以佛道沖邃，其行為善，信為出苦之良津，御世之洪則。故託意九經，遊心十二〔註 67〕，乃著《通三世論》，以勖示因果，王公已下，並欽贊

〔註 63〕即姚碩德，為後秦王姚興同母弟。詳見《晉書》卷一一三《後秦載記》。
〔註 64〕支竺：支應指支樓伽讖，竺應指竺法護，《高僧傳》卷一均有傳。
〔註 65〕以上諸僧，僧䂮、道恒、僧睿《高僧傳》卷六均有傳。
〔註 66〕《大品》：即《大品般若經》之簡稱。
〔註 67〕九經：即九部經，佛教內容體例的分類，有大、小乘之分。十二：即十二部

厥風。大將軍常山公顯，左軍將軍安城侯嵩〔註 68〕並篤信緣業，屢請什於長安大寺講說新經，續出《小品》、《金剛波若》、《十住》、《法華》、《維摩》、《思益》、《首楞嚴》、《持世》、《佛藏》、《菩薩藏》、《遺教》、《菩提無行》、《呵欲》、《自在王》、《因緣觀》、《小無量壽》、《新賢劫》、《禪經》、《禪法要》、《禪要解》、《彌勒成佛》、《彌勒下生》、《十誦律》、《十誦戒本》、《菩薩戒本》、《釋論》、《成實》、《十住》、《中、百、十二門論》〔註 69〕，凡三百餘卷。並暢顯神源，揮發幽致。於時，四方義士，萬里必集，盛業久大，於今咸仰。

龍光、釋道生〔註 70〕、慧解入微，玄構文外，每恐言舛，入關請決。廬山釋慧遠學貫群經，棟樑遺化，而時去聖久遠，疑義莫決，乃封以諮什，語見遠傳。

初沙門僧睿，才識高明，常隨什傳寫。什每為睿論西方辭體，商略同異，云：「天竺國俗，甚重文制，其宮商體韻，以入弦為善。凡覲國王，必有贊德，見佛之儀，以歌歎為貴，經中偈頌，皆其式也。但改梵為秦，失其藻蔚，雖得大意，殊隔文體。有似嚼飯與人，非徒失味，乃令嘔噦也。」什嘗作頌贈沙門法和〔註 71〕云：「心山育明德，流薰萬由延。哀鸞孤桐上，清音徹九天。」凡為十偈，辭喻皆爾。什雅好大乘，志存敷廣，常歎曰：「吾若著筆作大乘《阿毗曇》，非迦旃延子〔註 72〕比也。今在秦地，深識者寡，折翮於此，將何所論。」乃淒然而止。唯為姚興著《實相論》二卷，並注《維摩》，出言成章，無所刪改，辭喻婉約，莫非玄奧。

什為人神情朗徹，傲岸出群，應機領會，鮮有倫匹者。篤性仁厚，泛愛為心，虛己善誘，終日無倦。姚主常謂什曰：「大師聰明超悟，天下莫二，若一旦後世，何可使法種無嗣。」遂以妓女十人，逼令受之。自爾以來，不住僧坊，別立廨舍，供給豐盈。每至講說，常先自說譬喻：如臭泥中生蓮花，

經，也為佛教內容體例的分類。詳見《大制度論》卷三十三、《大乘義章》卷一。

〔註 68〕常山公顯：即姚興弟姚顯，字子章。安城侯嵩：即姚嵩。皆見《晉書．後秦載記》

〔註 69〕以上經名多為簡稱。若《無行》，即《諸法無行經》；《呵欲》，即《菩薩呵色慾經》。詳見《出三藏記經》卷二。

〔註 70〕釋道生：即竺道生，竺法汰弟子。曾先後在建業、廬山、關中活動，詳見《高僧傳》卷七。

〔註 71〕法和：滎陽人，少與道安同學，先入蜀，後秦時入關，詳見《高僧傳》卷五。

〔註 72〕迦旃延子：又云迦旃子，迦多衍那，傳說為佛十大弟子中最懂義理者。

但採蓮花，勿取臭泥也。

初什在龜茲，從卑摩羅叉〔註73〕律師受律，卑摩後入關中，什聞至欣然，師敬盡禮。卑摩未知被逼之事，因問什曰：「汝於漢地，大有重緣，受法弟子，可有幾人。」什答云：「漢境經律未備，新經及諸論等，多是什所傳出，三千徒眾，皆從什受法，但什累業障深，故不受師教耳。」又杯渡〔註74〕比丘在彭城，聞什在長安，乃歎曰：「吾與此子戲別三百餘年，杳然未期，遲有遇於來生耳。」

什未終日，少覺四大不愈，乃口出三番神咒，令外國弟子誦之以自救，未及致力，轉覺危殆。於是力疾與眾僧告別曰：「因法相遇，殊未盡伊心，方復後世，惻愴何言。自以闇昧，謬充傳譯，凡所出經論三百餘卷，唯《十誦》一部，未及刪煩，存其本旨，必無差失。願凡所宣譯，傳流後世，咸共弘通。今於眾前發誠實誓，若所傳無謬者，當使焚身之後，舌不燋爛。」以偽秦弘始十一年八月二十日卒於長安，是歲晉義熙五年也。即於逍遙園。依外國法。以火焚屍。薪滅形碎，唯舌不灰。後外國沙門來云：「羅什所諳，十不出一。」初什一名鳩摩羅耆婆。外國制名，多以父母為本。什父鳩摩炎，母字耆婆，故兼取為名。然什死年月，諸記不同，或云弘始七年，或云八年，或云十一年。尋七與十一字或訛誤，而譯經錄傳中，猶有一年者，恐雷同三家，無以正焉〔註75〕。

（據《高僧傳》卷二《譯經》）

晉長安弗若多羅

弗若多羅，此云功德華，罽賓人也。少出家，以戒節見稱，備通三藏，而專精《十誦律》部，為外國師宗，時人咸謂已階聖果。以偽秦弘始中，振錫入關。秦上姚興待以上賓之禮。羅什亦挹其戒範，厚相宗敬。先是經法雖傳，律藏未闡，聞多羅既善斯部，咸共思慕。以偽秦弘始六年十月十七日集義學僧數百餘人，於長安中寺，延請多羅誦出《十誦》梵本，羅什譯為晉文，三分獲二。多羅構疾，庵然棄世。眾以大業未就，而匠人殂往，悲恨之深，有踰常痛。

（據《高僧傳》卷二《譯經》）

〔註73〕卑摩羅叉：譯名無垢眼，罽賓人。後秦弘始八年（公元406年）達漢中，後下江陵辛寺講《十誦》，詳見《高僧傳》卷二。

〔註74〕杯渡：不知姓名。傳說其因常乘杯渡水，故名，詳見《高僧傳》卷十。

〔註75〕鳩摩羅什卒年，各書記載有異。陳垣先生《釋氏疑年錄》從《廣弘明集》卷二十三僧肇撰《什法師誄》，即後秦弘始十五年、東晉義熙九年卒。

晉長安曇摩流支

曇摩流支，此云法樂，西域人也。棄家入道，偏以律藏馳名，以弘始七年秋達自關中。

初弗若多羅誦出《十誦》，未竟而亡，廬山釋慧遠聞支既善毗尼，希得究竟律部，乃遣書通好曰:「佛教之興，先行上國，自分流以來，四百餘年，至於沙門德式，所闕尤多。頃西域道士弗若多羅，是罽賓人，甚諷《十誦》梵本。有羅什法師，通才博見，為之傳譯。《十誦》之中，文始過半，多羅早喪，中途而寢，不得究竟大業，慨恨良深。傳聞仁者齎此經自隨，甚欣所遇，冥運之來，豈人事而已耶。想弘道為物，感時而動，叩之有人，必情無所吝。若能為律學之徒，畢此經本，開示梵行，洗其耳目，使始涉之流，不失無上之津，參懷勝業者，日月彌朗。此則慧深德厚。人神同感矣，幸願垂懷，不乖往意一二。悉諸道人所具。」流支既得遠書，及姚興敦請，乃與什共譯《十誦》都畢。研詳考核，條制審定，而什猶恨文煩未善。既而什化，不獲刪治。流支住長安大寺，慧觀欲請下京師，支曰:「彼土有人有法，足以利世，吾當更行無律教處。」於是遊化余方，不知所卒，或云終於涼土，未詳。

（據《高僧傳》卷二《譯經》）

晉壽春石澗寺卑摩羅叉

卑摩羅叉，此云無垢眼，罽賓人。沉靖有志力，出家履道，苦節成務。先在龜茲，弘闡律藏，四方學者，競往師之，鳩摩羅什時亦預焉。及龜茲陷沒，乃避地焉。頃之，聞什在長安大弘經藏，又欲使毗尼勝品，復洽東國，於是杖錫流沙，冒險東入。以偽秦弘始八年達自關中，什以師禮敬待，叉亦以遠遇欣然。及羅什棄世，叉乃出遊關左，逗於壽春，止石澗寺，律眾雲聚，盛闡毗尼。羅什所譯《十誦》本，五十八卷。最後一誦，謂明受戒法，及諸成善法事，逐其義要，名為《善誦》。叉後齎往石澗，開為六十一卷，最後一誦改為《毗尼誦》，故猶二名存焉。……其年冬復還壽春石澗，卒於寺焉，春秋七十有七。叉為人眼青，時人亦號為青眼律師。

（據《高僧傳》卷二《譯經》）

晉長安佛陀耶舍

佛陀耶舍，此云覺明，罽賓人也，婆羅門〔註 76〕種，世事外道。有一沙門，從其家乞，其父怒，使人打之，父遂手腳攣躄，不能行止。乃問於巫師，對曰；「坐犯賢人，鬼神使然也。」即請此沙門，竭誠懺悔，數日便瘳，因令耶舍出家，為其弟子，時年十三。常隨師遠行，於曠野逢虎，師欲走避，耶舍曰：「此虎已飽，必不侵人。」俄而虎去，前行果見餘殘，師密異之。至年十五，誦經日得二三萬言。所住寺，常於外分衛，廢於誦習，有一羅漢重其聰敏，恒乞食供之。至年十九，誦大小乘經數百萬言。然性度簡傲，頗以知見自處，謂少堪己師者，故不為諸僧所重。但美儀止，善談笑，見者忘其深恨。年及進戒，莫為臨壇，所以向立之歲，猶為沙彌。乃從其舅學五明諸論，世間法術，多所練習，年二十七，方受具戒。恒以讀誦為務，手不釋牒。每端坐思義，尚云不覺虛過於時，其專精如此……

行達姑臧，而什已入長安，聞姚興逼以妾媵，勸為非法，乃歎曰：「羅什如好綿，何可使入棘林中。」什聞其至姑臧，勸姚興迎之，興未納。頃之，興命什譯出經藏，什曰：「夫弘宣法教，宜令文義圓通，貧道雖誦其文，未善其理，唯佛陀耶舍深達幽致，今在姑臧，願下詔徵之，一言三詳，然後著筆，使微言不墜，取信千載也。」興從之，即遣使招迎，厚加贈遺，悉不受，乃笑曰：「明旨既降，便應載馳，檀越待士既厚，脫如羅什見處，則未敢聞命。」使還具說之，興歎其幾慎，重信敦喻，方至長安。興自出候問，別立新省於逍遙園中，四事供養，並不受，時至分衛，一食而已。於時羅什出《十住經》，一月餘日，疑難猶豫，尚未操筆。耶舍既至，共相徵決，辭理方定，道俗三千餘人，皆歎其當要。捨為人赤髭，善解《毗婆沙》，時人號曰「赤髭毗婆沙」，既為羅什之師，亦稱「大毗婆沙」。四事供養，衣缽臥具，滿三間屋，不以關心，姚興為貨之，於城南造寺。耶舍先誦《曇無德律》，偽司隸校尉姚爽請令出之，興疑其遺謬，乃請耶舍，令誦羌籍藥方可五萬言經，二日，乃執文覆之，不誤一字，眾服其強記。即以弘始十二年譯出《四分律》，凡四十四卷，並《長阿含》等。涼州沙門竺佛念譯為秦言，道含筆受。至十五年解座，興襯耶舍布絹萬匹，悉不受；道含、佛念布絹各千匹，名德沙門五百人，皆重襯施。

〔註 76〕婆羅門，又作婆囉賀磨拏、婆羅欱末拏、沒囉憾摩，意譯淨行、梵行、梵志、承習。印度四姓中，最上位之僧侶、學者階級，為古印度一切知識之壟斷者，自認為印度社會之最勝種。

耶舍後辭還外國，至罽賓，得《虛空藏經》一卷，寄賈客，傳與涼州諸僧，後不知所終。

（據《高僧傳》卷二《譯經》）

晉京師道場寺佛馱跋陀羅

佛馱跋陀羅，此云覺賢，本姓釋氏，迦維羅衛人，甘露飯王之苗裔也。祖父達摩提婆，此云法天，嘗商旅於北天竺，因而居焉。父達摩修耶利，此云法日，少亡。賢三歲孤與母居，五歲復喪母，為外氏所養。從祖鳩婆利，聞其聰敏，兼悼其孤露，乃迎還，度為沙彌。至年十七，與同學數人，俱以習誦為業，眾皆一月，賢一日誦畢。其師歎曰：「賢一日敵三十夫也。」及受具戒，修業精勤，博學群經，多所通達。

少以禪律馳名，常與同學僧伽達多，共遊罽賓……

頃之，至青州東萊郡，聞鳩摩羅什在長安，即往從之，什大欣悅，共論法相，振發玄微，多所悟益。因謂什曰：「君所釋，不出人意，而致高名，何耶？」什曰：「吾年老故爾，何必能稱美談。」什每有疑義，必共諮決。時秦太子泓，欲聞賢說法，乃要命群僧，集論東宮。羅什與賢數番往復，什問曰：「法云何空？」答曰：「眾微成色，色無自性，故雖色常空。」又問：「既以極微破色空，復云何破微？」答曰：「群師或破析一微，我意謂不爾。」又問：「微是常耶。」答曰：「以一微故眾微空，以眾微故一微空。」時寶云譯出此語，不解其意，道俗咸謂賢之所計，微塵是常。餘日長安學僧復請更釋，賢曰：「夫法不自生，緣會故生。緣一微故有眾微，微無自性，則為空矣。寧可言不破一微，常而不空乎。」此是問答之大意也。秦主姚興專志佛法，供養三千餘僧，並往來宮闕，盛修人事，唯賢守靜，不與眾同。後語弟子云：「我昨見本鄉，有五舶俱發。」既而弟子傳告外人，關中舊僧，咸以為顯異惑眾。

又賢在長安，大弘禪業，四方樂靖者，並聞風而至。但染學有淺深，得法有濃淡，澆偽之徒，因而詭滑。有一弟子因少觀行，自言得阿那含果〔註77〕，

〔註77〕阿那含果：佛教術語，譯為不還，即是說，證得此果，死後住於五淨居天（禪定之中），禪定轉深，到了滅受想定，即是解脫，所以不再還到凡夫的生死界中。在家人修行佛法，最高可得阿那含果。這是由於家室俗情之累，不能即生進入滅受想定或徹底無欲的境界。但是，若能進入五淨居天的深定之中，已是必得解脫的境界了。

賢未即檢問，遂致流言，大被謗讀，將有不測之禍。於是徒眾，或藏名潛去，或踰牆夜走，半日之中，眾散殆盡，賢乃夷然不以介意。

時舊僧僧略、道恒等謂賢曰：「佛尚不聽說己所得法，先言五舶將至，虛而無實，又門徒誑惑，互起同異，既於律有違，理不同止，宜可時去，勿得停留。」賢曰：「我身若流萍，去留甚易，但恨懷抱未申，以為慨然耳。」於是與弟子慧觀等四十餘人俱發，神志從容，初無異色，識真之眾，咸共歎惜，白黑送者千有餘人。姚興聞去悵恨，乃謂道恒曰：「佛賢沙門，協道來遊，欲宣遺教，緘言未吐，良用深慨，豈可以一言之咎，令萬夫無導。」因敕令追之。賢報使曰：「誠知恩旨，無預聞命。」於是率侶宵征，南指廬嶽……賢以元嘉六年卒，春秋七十有一矣。

（據《高僧傳》卷二《譯經》）

晉敦煌竺法乘

竺法乘，未詳何人。幼而神悟超絕，懸鑒過人，依竺法護為沙彌，清真有志氣，護甚嘉焉。護既道被關中，且資財殷富。時長安有甲族，欲奉大法，試護道德，偽往告急，求錢二十萬。護未答。乘年十三，侍在師側，即語曰：「和上意已相許矣。」客退後，乘曰：「觀此人神色，非實求錢，將以觀和上道德何如耳。」護曰：「吾亦以為然。」明日，此客率其一宗百餘口，詣護請受戒具，謝求錢之意，於是師資名布遐邇……

（據《高僧傳》卷四《義解》）

晉長安五級寺釋道安

釋道安，姓衛氏，常山扶柳人〔註 78〕也。家世英儒，早失覆蔭，為外兄孔氏所養。年七歲讀書，再覽能誦，鄉鄰嗟異。至年十二出家。神智聰敏，而形貌甚陋，不為師之所重。驅役田舍，至於三年，執勤就勞，曾無怨色，篤性精進，齋戒無闕。數歲之後，方啟師求經，師與《辯意經》一卷，可五千言。安賷經入田，因息就覽，暮歸，以經還師，更求餘者，師曰：「昨經未讀，今復求耶。」答曰：「即已闇誦。」師雖異之，而未信也。復與《成具光明經》一卷，減一萬言，賷之如初，暮復還師。師執經覆之，不差一字，師大驚嗟而異之。

〔註 78〕即河北冀州。

後為受具戒，恣其遊學……既至，住長安五重寺，僧眾數千，大弘法化。初魏晉沙門依師為姓，故姓各不同。安以為大師之本，莫遵釋迦，乃以釋命氏。後獲《增一阿含》，果稱四河入海，無復河名，四姓為沙門，皆稱釋種，既懸與經符，遂為永式。

安外涉群書，善為文章。長安中，衣冠子弟為詩賦者，皆依附致譽。時藍田縣得一大鼎，容二十七斛。邊有篆銘，人莫能識，乃以示安，安云：「此古篆書，云魯襄公〔註79〕所鑄。」乃寫為隸文。又有人持一銅斛於市賣之，其形正圓，下向為斗，橫梁昂者為斗，低者為合，梁一頭為龠，龠同鍾，容半合，邊有篆銘。堅以問安，安云：「此王莽自言出自舜，皇龍集戊辰，改正即真，以同律量，布之四方，欲小大器鈞，令天下取平焉。」其多聞廣識如此。堅敕學士內外有疑，皆師於安。故京兆為之語曰：「學不師安，義不中難。」

初堅承石氏之亂，至是民戶殷富，四方略定，東極滄海，西並龜茲，南苞襄陽，北盡沙漠，唯建業一隅，未能伏。堅每與侍臣談話，未嘗不欲平一江左，以晉帝為僕射，謝安為侍中。堅弟平陽公融〔註80〕。

及朝臣石越，原紹等，並切諫，終不能回。眾以安為堅所信敬，乃共請曰：「主上將有事東南，公何不能為蒼生致一言耶。」會堅出東苑，命安升輦同載，僕射權翼諫曰：「臣聞天子法駕，侍中陪乘，道安毀形，寧可參廁。」堅勃然作色曰：「安公道德可尊，朕以天下不易，輿輦之榮，未稱其德。」即敕僕射扶安登輦。俄而顧謂安曰：「朕將與公南遊吳越，整六師而巡狩，涉會稽以觀滄海，不亦樂乎。」安對曰：「陛下應天御世，有八州之貢富，居中土而制四海，宜棲神無為，與堯舜比隆。今欲以百萬之師，求厥田下下之土，且東南區地，地卑氣厲。昔舜禹遊而不反，秦皇適而不歸，以貧道觀之，非愚心所同也。平陽公懿戚，石越重臣，並謂不可，猶尚見拒。貧道輕淺，言必不允，既荷厚遇，故盡丹誠耳。」堅曰：「非為地不廣，民不足治也，將簡天心，明大運所在耳。順時巡狩，亦著前典，若如來言，則帝王無省方之文乎。」安曰：「若鑾駕必動，可先幸洛陽，威蓄銳，傳檄江南，如其不服，伐之未晚。」堅不從，遣平陽公融等精銳二十五萬為前鋒，堅躬率步騎六十萬。到頃，晉

〔註79〕魯襄公：姓姬，名午，春秋時代魯國的第二十二代君主，魯成公之子。《史記》卷三十三《魯世家》有記載。

〔註80〕苻融：魏晉南北朝時期人物，前秦君主苻堅的弟弟。苻融偉岸俊美，文采飛揚，武功超群，情操高尚，「弱冠便有台輔之望，長而令譽彌高，為朝野所屬」。

遣征虜將軍謝石〔註 81〕、徐州刺史謝玄拒之。堅前軍大潰於八公西，晉軍逐北三十餘里，死者相枕。融馬倒殞首，堅單騎而遁，如所諫焉。

安常注諸經，恐不合理，乃誓曰：「若所說不堪遠理，願見瑞相。」乃夢見胡道人，頭白眉毛長，語安云：「君所注經，殊合道理。我不得入泥洹，住在西域，當相助弘通，可時時設食。」後《十誦律》至，遠公乃知和上所夢賓頭盧〔註 82〕也。於是立座飯之，處處成則。安既德為物宗，學兼三藏，所制《僧尼軌範》、《佛法憲章》，條為三例：一曰行香定座上講經上講之法；二曰常日六時行道飲食唱時法；三曰布薩差使悔過等法，天下寺舍，遂則而從之。

安每與弟子法遇等，於彌勒〔註 83〕前立誓，願生兜率〔註 84〕。後至秦建元二十一年正月二十七日，忽有異僧，形甚庸陋，來寺寄宿。寺房既迮，處之講堂。時維那直殿，夜見此僧從窗隙出入，遽以白安，安驚起禮訊，問其來意，答云：「相為而來。」安曰：「自惟罪深，詎可度脫。」彼答云：「甚可度耳，然須與浴聖僧，情願必果。」具示浴法。安請問來生所往處，彼乃以手虛撥天之西北，即見雲開，備睹兜率妙勝之報，爾夕，大眾數十人悉皆同見。安

〔註 81〕謝石：東晉將領，字石奴，謝安第六弟。

〔註 82〕賓頭盧：又作賓頭盧頗羅墮誓、賓度羅拔囉墮舍、賓頭盧突羅闍。為佛弟子，十六羅漢之一。永住於世，現白頭長眉之相。又稱住世阿羅漢。賓頭盧為名，譯作不動；跋羅墮闍為姓，譯作利根、捷疾、重瞳，為婆羅門十八姓之一。據賓頭盧突羅闍為優陀延王說法經、十誦律卷三十七所載，師原為優填王輔相之子，年少出家學道，證得阿羅漢果，有神通。曾以顯神通於世人之前，受佛陀呵責，不許住於閻浮提，令至西瞿耶尼洲施化，後雖聽還，而不許其入於涅槃，使永住於南天之摩梨山度化眾生。另於三摩竭經亦載有師為佛擯出之事，唯所記事緣不同。又據請賓頭盧經所載，師受佛之教敕，為末法之人作福田，故天竺優婆塞國王、長者等，於設會時常請之，以食物等供養。

〔註 83〕即彌勒佛，（彌勒菩薩），意譯為慈氏，音譯為梅咀利耶、梅怛儷藥，佛教八大菩薩之一，大乘佛教經典中又常被稱為阿逸多菩薩，是釋迦牟尼佛的繼任者，將在未來娑婆世界降生成佛，成為娑婆世界的下一尊佛，在賢劫千佛中將是第五尊佛，常被尊稱為當來下生彌勒尊佛。被唯識學派奉為鼻祖，其龐大思想體系由無著、世親菩薩闡釋弘揚，深受中國佛教大師道安和玄奘的推崇。

〔註 84〕即兜率天，又譯作睹史多天、兜駛多天等，意譯為妙足天、知足天、喜足天、喜樂天。為欲界六天的第四層天。而在佛教典籍中，此天的內院即是彌勒菩薩的弘法度生之處。人間四百年，為兜率天一晝夜；兜率天人壽為四千歲；其身長二里；執手熱惱便息。一切時靜，有應觸來，未能違戾，命終之後，上升精微，不接下界諸人天境，乃至劫壞，三災不及，又在此天之人，對於自身及外界感受，生喜樂知足之心，故名喜足。

後營浴具，見有非常小兒，伴侶數十，來入寺戲。須臾就浴，果是聖應也。至其年二月八日，忽告眾曰：「吾當去矣。」是日齋畢，無疾而卒，葬城內五級寺中。是歲晉太元十年也，年七十二。

未終之前，隱士王嘉往候安，安曰：「世事如此，行將及人，相與去乎。」嘉曰：「誠如所言，師並前行，僕有小債未了，不得俱去。」及姚萇之得長安也，嘉時故在城內，萇與符登相持甚久，萇乃問嘉：「朕當得登不？」答曰：「略得。」萇怒曰：「得當言得，何略之有？」遂斬之，此嘉所謂負債者也。萇死後，其子興方殺登，興字子略，即嘉所謂略得者也……

安先聞羅什在西國，思共講析，每勸堅取之。什亦遠聞安風，謂是東方聖人，恒遙而禮之。初安生而便左臂有一皮，廣寸許著臂，捋可得上下之，唯不得出手。又肘外有方肉，上有通文，時人謂之為印手菩薩。安終後十六年，什公方至，什恨不相見，悲恨無極。

安既篤好經典，志在宣法，所請外國沙門僧伽提婆、曇摩難提及僧伽跋澄等，譯出眾經百餘萬言，常與沙門法和詮定音字，詳覈文旨，新出眾經，於是獲正。孫綽為《名德沙門論》自云：「釋道安博物多才，通經名理。」又為之贊曰：「物有廣贍，人固多宰，淵淵釋安，專能兼倍，飛聲汧隴，馳名淮海。形雖草化，猶若常在。有別記云。」

（據《高僧傳》卷五《義解》）

晉蒲阪釋法和

釋法和，滎陽人也。少與安公同學。以恭讓知名。善能標明論綱，解悟疑滯。因石氏之亂率徒入蜀，巴、漢之士，慕德成群。聞襄陽陷沒，自蜀入關，住陽平寺。後於金輿谷設會，與安公共登山嶺，極目周睇，既而悲曰：「此山高聳，遊望者多。一從此化，竟測何之。」安曰：「法師持心有在，何懼後生。若慧心不萌，斯可悲矣。」後與安公詳定新經，參正文義。頃之，偽晉王姚緒〔註85〕請住蒲阪講說。其後少時敕語弟子：「俗內煩惱，苦累非一。」乃正衣服，繞佛禮拜，還坐本處，以衣蒙頭，奄然而卒。時年八十矣。

（據《高僧傳》卷五《義解》）

〔註85〕姚緒：生卒年不詳，十六國時期南安赤亭（今甘肅隴西西部）人，羌族，為後秦國君姚萇之弟，後秦國將軍、宰相。

晉長安覆舟山釋道立

釋道立，不知何許人。少出家，事安公為師，善《放光經》。又以莊老三玄，微應佛理，頗亦屬意焉。性澄靖，不涉當世。後隨安入關，隱覆舟山，岩居獨處，不受供養。每潛思入禪，輒七日不起，如此者數矣。後夏初忽出山，鳩集眾僧，自為講《大品》，或問其故，答云：「我止可至秋，為欲令所懷粗訖耳。」自恣後數日，果無疾而終，時人謂知命者矣。

據《高僧傳》卷五《義解》）

晉長安大寺釋僧略

釋僧略，姓傅氏，北地泥陽〔註 86〕人，晉河間郎中令遐之元子也。少出家，止長安大寺，為弘覺法師弟子，覺亦一時法匠，略初從受業，後遊青司、樊、沔之間。通六經及三藏，律行清謹，能匡振佛法。姚萇、姚興早挹風名，素所知重，及僭有關中，深相頂敬。興既崇信三寶，盛弘大化，建會設齋，煙蓋重疊，使夫慕道捨俗者，十室其半。

自童壽入關，遠僧復集，僧尼既多，或有愆漏，興曰：「凡未學僧，未階苦忍，安得無過。過而不該，過遂多矣，宜立僧主，以清大望。」因下書曰：「大法東遷，於今為盛，僧尼已多，應須綱領，宣授遠規，以濟頹緒。僧略法師，學優早年，德芳暮齒，可為國內僧主。僧遷法師，禪慧兼修，即為悅眾。法欽、慧斌共掌僧錄。」給車輿吏力。略資侍中秩，傳詔羊車各二人，遷等並有厚給。共事純儉，允愜時望，五眾肅清，六時無怠。

至弘始七年，敕加親信伏身白從各三十人。僧正之興，略之始也。略躬自步行，車輿以給老疾，所獲供恤，常充眾用，雖年在秋方，而講說經律，勖眾無倦。以弘始之末，卒於長安大寺，春秋七十矣。

（據《高僧傳》卷六《義解》）

晉彭城郡釋道融

釋道融，汲郡林慮人。十二出家，厥師愛其神彩，先令外學，往村借《論語》，竟不齎歸，於彼已誦，師更借本覆之，不遺一字，既嗟而異之，於是恣其遊學。迄至立年，才解英絕，內外經書，闇遊心府。聞羅什在關，故往諮

〔註 86〕泥陽：古地名，即今甘肅寧縣一帶。

稟，什見而奇之，謂姚興曰：「昨見融公，復是奇特，聰明釋子。」興引見歎重，敕入逍遙園，參正詳譯。因請什出《菩薩戒本》，今行於世。後譯《中論》，始得兩卷，融便就講，剖折文言，預貫終始。什又命融令講《新法華》，什自聽之，乃歎曰：「佛法之興，融其人也。」

俄而，師子國有一婆羅門，聰辯多學，西土俗書，罕不披誦，為彼國外道之宗。聞什在關大行佛法，乃謂其徒曰：「寧可使釋氏之風獨傳震旦，而吾等正化不洽東國。」遂乘駝負書來入長安。姚興見其口眼便僻，頗亦惑之。婆羅門乃啟興曰：「至道無方，各尊其事，今請與秦僧捔其辯力，隨有憂者，即傳其化。」興即許焉。時關中僧眾，相視缺然，莫敢當者。什謂融曰：「此外道聰明殊人，捔言必勝，使無上大道，在吾徒而屈，良可悲矣。若使外道得志，則法輪摧軸，豈可然乎。如吾所睹，在君一人。」融自顧才力不減，而外道經書未盡披讀，乃密令人寫婆羅門所讀經目，一披即誦。後剋日論義，姚興自出，公卿皆會闕下。關中僧眾四遠必集。融與婆羅門擬相詶抗，鋒辯飛玄，彼所不及。婆羅門自知辭理已屈，猶以廣讀為誇，融乃列其所讀書，並秦地經史名目卷部，三倍多之。什因嘲之曰：「君不聞大秦廣學，那忽輕爾遠來。」婆羅門心愧悔伏，頂禮融足，數日之中，無何而去，像運再興，融有力也。

融後還彭城，常講說相續，問道至者千有餘人，依隨門徒數盈三百，性不狎諠，常登樓披玩，殷勤善誘，畢命弘法，後卒於彭城。春秋七十四矣。所著《法華》、《大品》、《金光明》、《十地》、《維摩》等《義疏》，並行於世矣。

（據《高僧傳》卷六《義解》）

晉長安釋曇影

釋曇影，或云北人，不知何許郡縣。性虛靖，不甚交遊，而安貧志學，舉止詳審，過似淹遲，而神氣駿捷，志與形反。能講《正法華經》及《光贊波若》，每法輪〔註 87〕一轉，輒道俗千數。

後入關中，姚興大加禮接，及什至長安，影往從之，什謂興曰：「昨見影

〔註 87〕法輪：可以譯作正法之輪。輪是佛教詞彙，在藏傳佛教中又稱金輪，在古印度，「輪」既是一種農具，也是一種兵器，佛教借用「輪」來比喻佛法無邊，具有摧邪顯正的作用。

公，亦是此國風流標望之僧也。」興敕住逍遙園，助什譯經，初出《成實論》，凡諍論問答，皆次第往反。影恨其支離，乃結為五番，竟以呈什，什曰：「大善，深得吾意。」什後出《妙法華經》，影既舊所命宗，特加深思，乃著《法華義疏》四卷，並注《中論》。後山棲隱處，守節塵外，修功立善，愈老愈篤。以晉義熙中卒，春秋七十矣。

（據《高僧傳》卷六《義解》）

晉長安釋僧睿

釋僧睿，魏郡長樂人也。少樂出家，至年十八，始獲從志，依投僧賢法師為弟子，謙虛內敏，學與時競。至年二十二，博通經論，嘗聽僧朗法師講《放光經》，屢有機難。朗與賢有濠上之契，謂賢曰：「睿比格難，吾累思不能通，可謂賢賢弟子也。」

至年二十四，遊歷名邦，處處講說，知音之士，負袠成群。常歎曰：「經法雖少，足識因果，禪法未傳，厝心無地。」什後至關，因請出《禪法要》三卷，始是鳩摩羅陀所制，末是馬鳴所說，中間是外國諸聖共造，亦稱《菩薩禪》。睿既獲之，日夜修習，遂精練五門，善入六淨，偽司徒公姚嵩深相禮貴。姚興問嵩：「睿公何如？」嵩答：「實鄴衛之松柏。」興敕見之，公卿皆集，欲觀其才器，睿風韻卓流，含吐彬蔚，興大賞悅，即敕給俸恤吏力人輿。興後謂嵩曰：「乃四海標領，何獨鄴衛之松柏。」於是美聲遐布，遠近歸德。

什所翻經，睿並參正，昔竺法護出《正法華經》，《受決品》云：「天見人，人見天。」什譯經至此，乃言：「此語與西域義同，但在言過質。」睿曰：「將非人天交接，兩得相見。」什喜曰：「實然。」其領悟標出，皆此類也。後出《成實論》，令睿講之。什謂睿曰：「此諍論中，有七變處文破《毗曇》，而在言小隱，若能不問而解，可謂英才。」至睿啟發幽微，果不諮什，而契然懸會。什歎曰：「吾傳譯經論，得與子相值，真無所恨矣。」著《大智論》、《十二門論》、《中論》等諸序，並著《大小品》、《法華》、《維摩》、《思益》、《自在王禪經》等序，皆傳於世。

初睿善攝威儀，弘贊經法，常回此諸業，願生安養，每行住坐臥，不敢正背西方。後自知命盡，忽集僧告別，乃謂眾曰：「平生誓願，願生西方，如睿所見，或當得往，未知定免，狐疑成不。但身口意業，或相違犯，願施以大慈，為永劫法朋也。」於是入房洗浴，燒香禮拜，還床向西方合掌而卒。是日同寺咸見五色香煙，從睿房出，春秋六十七矣。時又有沙門僧楷，與睿公同學，亦有高名云。

（據《高僧傳》卷六《義解》）

晉長安涉公

涉公者，西域人也。虛靖服氣，不食五穀，日能行五百里。言未然之事，驗若指掌。以苻堅建元十二年至長安。能以秘咒，咒下神龍，每旱，堅常請之咒龍，俄而龍下鉢中，天輒大雨。堅及群臣親就鉢中觀之，咸歎其異。堅奉為國神，士庶皆投身接足，自是無復炎旱之憂。

至十六年十二月無疾而化，堅哭之甚慟。卒後七日，堅以其神異，試開棺視之，不見屍骸所在，唯有殮被存焉。至十七年，自正月不雨，至於六月。堅減膳撤懸，以迎和氣，至七月降雨。堅謂中書朱彤曰：「涉公若在，朕豈燋心於雲漢若是哉。此公其大聖乎。」彤曰：「斯術幽遠，實亦曠古之奇也。」

（據《高僧傳》卷十《神異》）

晉長安釋慧嵬

釋慧嵬，不知何許人。止長安大寺。戒行澄潔，多棲處山谷，修禪定之業。有一無頭鬼來，嵬神色無變，乃謂鬼曰：「汝既無頭，便無頭痛之患，一何快哉。」鬼便隱形。復作無腹鬼來，但有手足，嵬又曰：「汝既無腹，便無五藏之憂，一何樂哉。」須臾復作異形，嵬皆隨言遣之。

後又時天甚寒雪，有一女子來求寄宿。形貌端正，衣服鮮明，姿媚柔雅，自稱天女：「以上人有德，天遣我來，以相慰喻。」談說欲言，勸動其意。嵬執志貞確，一心無擾，乃謂女曰：「吾心若死灰，無以革囊見試。」女遂陵雲而逝。顧而歎曰：「海水可竭，須彌可傾，彼上人者，秉志堅貞。」後以晉隆安〔註88〕三年，與法顯俱遊西域，不知所終。

（據《高僧傳》卷十一《習禪》）

〔註88〕隆安：東晉安帝司馬德年號，時為公元397～401年。

宋江陵辛寺釋法顯〔註 89〕

釋法顯，姓龔，平陽武陽〔註 90〕人，有三兄，並髫齔而亡，父恐禍及顯，三歲便度為沙彌。居家數年，病篤欲死，因以送還寺，信宿，便差。不肯復歸，其母欲見之不能得，後為立小屋於門外，以擬去來。十歲遭父憂，叔父以其母寡獨不立，逼使還俗，顯曰：「本不以有父而出家也，正欲遠塵離俗，故入道耳。」叔父善其言，乃止。頃之，母喪，至性過人，葬事畢，仍即還寺。嘗與同學數十人，於田中刈稻，時有饑賊欲奪其谷，諸沙彌悉奔走，唯顯獨留，語賊曰：「若欲須谷，隨意所取，但君等昔不布施，故致饑貧，今復奪人，恐來世彌甚，貧道預為君憂耳。」言訖即還，賊棄谷而去，眾僧數百人，莫不歎服。及受大戒，志行明敏，儀軌整肅，常慨經律舛闕，誓志尋求。

以晉隆安三年，與同學慧景、道整、慧應、慧嵬等，發自長安。西渡流沙……

（據《高僧傳》卷三《譯經》）

宋京師枳園寺釋智嚴

釋智嚴〔註 91〕，西涼州人，弱冠出家，便以精勤著名。納衣宴坐，蔬食永歲，每以本域丘墟，志欲博事名師，廣求經誥。遂周流西國進到罽賓，入摩天陀羅精舍〔註 92〕，從佛馱先比丘諮受禪法。漸深三年，功踰十載。佛馱先見其禪思有緒，特深器異。彼諸道俗聞而歎曰：「秦地乃有求道沙門矣。」始不輕秦類，敬接遠人。

時有佛馱跋陀羅〔註 93〕比丘，亦是彼國禪匠〔註 94〕，嚴乃要請東歸，欲傳法中土，跋陀嘉其懇至，遂共東行。於是踰沙越險，達自關中。常依隨跋陀，止長安大寺。

頃之，跋陀橫為秦僧所擯，嚴亦分散憩於山東精舍，坐禪誦經，力精修學……

（據《高僧傳》卷三《譯經》）

〔註 89〕關於釋法顯，詳見《法顯傳》。

〔註 90〕即今山西臨汾。

〔註 91〕智嚴為晉、宋之際人。《高僧傳》、卷二《出三藏記集》卷十五、《法顯傳》等書均有記載。嚴曾與法顯一同西行，後又經海路西行，卒於罽賓。

〔註 92〕精舍：佛教寺院、或庵的另稱。

〔註 93〕佛馱跋陀羅：本姓釋，釋迦族，古印度迦維羅衛人，前已錄。

〔註 94〕禪匠：以修禪而聞名的高僧。

宋六合山釋寶雲

釋寶雲〔註 95〕，未詳氏族，傳雲涼州人。少出家，精勤有學行，志韻剛潔，不偶於世，故少以方直純素為名，而求法懇惻，亡身殉道，志欲躬睹靈跡，廣尋經要。遂以晉隆安〔註 96〕之初，遠適西域，與法顯、智嚴先後相隨。涉履流沙，登踰雪嶺，勤苦艱危，不以為難。遂歷于闐〔註 97〕、天竺諸國，備睹靈異。乃經羅剎之野〔註 98〕聞，天鼓〔註 99〕之音，釋迦影跡，多所瞻禮。雲在外域，遍學梵書，天竺諸國音字詁訓，悉皆備解。後還長安，隨禪師佛馱跋陀業禪進道。俄而，禪師橫為秦僧所擯，徒悉同其咎〔註 100〕，雲亦奔散……

（據《高僧傳》卷三《譯經》）

宋京師龍光寺竺道生

竺道生，本姓魏，鉅鹿人〔註 101〕，寓居彭城。家世仕族，父為廣戚令，鄉里稱為善人。生幼而穎悟，聰哲若神，其父知非凡器，愛而異之。後值沙門竺法汰，遂改俗歸依，伏膺受業。既踐法門，俊思奇拔，研味句義，即自開解。故年在志學，便登講座，吐納問辯，辭清珠玉。雖宿望學僧，當世名士，皆慮挫詞窮，莫敢酬抗。

年至具戒，器鑒日深。性度機警，神氣清穆。初入廬山，幽棲七年，以求其志。常以入道之要，慧解為本。故鑽仰群經，斟酌雜論，萬里隨法，不憚疲苦。後與慧睿、慧嚴同遊長安，從什公受業，關中僧眾，咸謂神悟。後還都止青園寺……

（據《高僧傳》卷七《義解》）

〔註 95〕寶雲也曾與法顯、智嚴等同往西域，事詳見《法顯傳》。

〔註 96〕隆安：晉安帝司馬德年號，即公元 397～401 年。

〔註 97〕于闐：古西域國名，在今新疆和闐一帶，兩漢一來，此地佛教興盛。

〔註 98〕羅剎之野：羅剎，是古印度神話中的惡魔，最早見於《梨俱吠陀》，相傳原為古印度土著民族名，雅利安人征服印度後，稱為惡人的代名詞。此處指寶雲經過這些「惡人」所居之地。

〔註 99〕天鼓：佛教說忉利天有善法堂，中有天鼓，不擊自發妙音。忉利天：即「三十三天」，佛教謂須彌山高八萬四千由旬，上有三十三天城，山頂中央為帝釋天，四方各有八天，共三十三天。

〔註 100〕鳩摩羅什的門下曾排擠佛馱跋跋陀、智嚴、寶雲等，此處即指此事。

〔註 101〕即河北鉅鹿。

寶林

後龍光又有沙門寶林，初經長安受學，後祖述生公諸義，時人號曰遊玄生。著《涅槃記》及《注異宗論》、《檄魔文》等。

（據《高僧傳》卷七《義解》之《竺道生傳》）

宋京師烏衣寺釋慧睿

釋慧睿，冀州人。少出家，執節精峻，常遊方而學，經行蜀之西界，為人所抄掠。常使牧羊，有商客信敬者，見而異之，疑是沙門，請問經義，無不綜達，商人即以金贖之。既還襲染衣，篤學彌至。遊歷諸國，乃至南天竺界，音譯詁訓，殊方異義，無不必曉。後還憩廬山，俄又入關從什公諮稟。後適京師，止烏衣寺。講說眾經，皆思徹言表，理契環中……

（據《高僧傳》卷七《義解》）

宋京師東安寺釋慧嚴

釋慧嚴，姓范，豫州〔註 102〕人。年十二為諸生，博曉詩書，十六出家，又精練佛理。迄甫立年，學洞群籍，風聲四遠，化洽殊邦。聞什公在關，復從受學，訪正音義，多所異聞。後還京師，止東安寺……

（據《高僧傳》卷七《義解》）

宋京師道場寺釋慧觀

釋慧觀，姓崔，清河〔註 103〕人。十歲便以博見馳名，弱年出家，遊方受業，晚適廬山又諮稟慧遠。聞什公入關，乃自南徂北，訪核異同，詳辯新舊，風神秀雅，思入玄微。時人稱之曰：「通情則生，融上首；精難則觀，肇第一。」乃著《法華宗要序》以簡什，什曰：「善男子所論甚快，君小卻當南遊江漢之間，善以弘通為務。」什亡後，乃南適荊州……

（據《高僧傳》卷七《義解》）

〔註 102〕豫州：古地名，即今河南南部、東部、安徽北部、江蘇西北角及山東西南一帶。

〔註 103〕即河北清河。

宋京師彭城寺釋僧弼

釋僧弼，本吳人。性度虛簡，儀止方直。少與龍光、曇幹同遊長安，從什受學。愛日惜力，靖有深思，什加賞特深，使頒預參譯。後遊歷名邦，備瞻風化。時有請弼為寺主，弼曰：「至道不弘，淳風日緬，自非定慧兼足，無以鎮立風猷。且當隨緣致益，何得獨善一寺。」後南居楚郢，十有餘年，訓誘經戒，大化江表。河西王沮渠蒙遜遠挹風名，遣使通敬，襯遺相續。後下都止彭城寺。文皇器重，每延講說。宋元嘉十九年卒，春秋七十有八。

（據《高僧傳》卷七《義解》）

宋江陵辛寺釋曇鑒

釋曇鑒，姓趙，冀州人。少出家，事竺道祖為師。蔬食布衣，律行精苦，學究群經，兼善數論。聞什公在關，杖策從學，什常謂鑒為一聞持人。後遊方宣化，達自荊州，止江陵辛寺……

（據《高僧傳》卷七《義解》）

宋廬山凌雲寺釋慧安

釋慧安，未詳是何人。蔬食精苦，學通經義，兼能善說，又以專戒見稱。誦經四十餘萬言。止廬山陵雲寺，學徒雲聚，千里從風。常捉一杖，云是西域僧所施。杖光色灼徹，亦頗有香氣，上有梵書，人莫能識。後入關詣羅什，捉杖自隨。什見杖驚曰：「此杖乃在此間耶。」因譯其字云：「本生天竺娑羅林，南方喪亂草付興，後得羅什道教隆。」安後以杖嚫外國僧波沙那，那齎還西域。安以宋元嘉中卒於山寺。

（據《高僧傳》卷七《義解》）

宋京師中興寺釋道溫

釋道溫，姓皇甫，安定朝那人，高士謐之後也〔註104〕。少好琴書，事親

〔註104〕朝那：北魏縣名，在今甘肅省靈臺縣境內。高士謐，自號玄晏先生，著有《帝王世紀》、《高士傳》、《列女傳》（現皆為輯本）。其著《針灸甲乙經》至今流傳，為中國醫學史上珍貴的文獻之一，詳見《晉書》卷五十一。

以孝聞。年十六入廬山，依遠公〔註105〕受學。後遊長安，復師童壽〔註106〕。元嘉中還止襄陽檀溪寺，善大乘經，兼明數論……

（據《高僧傳》卷七《義解》）

宋下定林寺釋僧鏡

釋僧鏡，姓焦，本隴西人，遷居吳地。至孝過人，輕財好施。家貧母亡，太守賜錢五千，苦辭不受。乃身自負土，種植松柏，廬於墓所，泣血三年。服畢出家，住吳縣華山〔註107〕。後入關隴，尋師受法，累載方還。停止京師，大闡經論……

（據《高僧傳》卷七《義解》）

宋長安寒山釋僧周

釋僧周，不知何人。性高烈，有奇志操。而韜光晦跡，人莫能知。常在嵩高山頭陀坐禪。魏虜將滅佛法，周謂門人曰：「大難將至。」乃與眷屬數十人，共入寒山，山在長安西南四百里。溪谷險阻，非軍兵所至，遂卜居焉。俄而魏虜肆暴，停者悉斃。其後尋悔，誅滅崔氏，更興佛法。偽永昌王鎮長安，奉旨將更修立，訪求沙門。時有說寒山有僧，德業非凡，王即遣使徵請。周辭以老疾，令弟子僧亮應命出山。周後將殂，告弟子曰：「吾將去矣。」其夕見火從繩床後出燒身，經三日方盡。煙焰漲天，而房不爐。弟子收遺灰，架以塼塔。

（據《高僧傳》卷十一《習禪》）

宋吳閒居寺釋僧業

釋僧業，姓王，河內人。幼而聰悟，博涉眾典。後遊長安，從什公受業。見新出《十誦》，遂專功此部，俊發天然，洞盡深奧。什歎曰：「後世之優波離〔註108〕也。」值關中多難，避地京師。吳國張邵挹其貞素，乃請還姑蘇，為

〔註105〕遠公：即廬山慧遠，《高僧傳》卷六有傳。

〔註106〕童壽：為鳩摩羅什所謂意譯，前文有錄。

〔註107〕吳縣：縣名，今屬江蘇省。春秋時吳王闔閭建都於此，秦設縣，歷代因之。詳見《元和郡縣志》卷二五。

〔註108〕優波離：又作優婆離、鄔波離、憂波利。意譯；上首（原名車匿），印度迦毗羅衛國人，出身首陀羅種（首陀羅為印度四種性的末等），佛陀為太子時的親近執事之臣，隨佛逾城出家，親見如來修行成道，因優波離為佛陀弟子

造閒居寺。地勢清曠，環帶長川。業居宗秉化，訓誘無輟，三吳學士，輻湊肩聯。又以講導餘隙，屬意禪門。每一端坐，輒有異香充塞房內。近業坐者，咸所共聞，莫不嗟其神異。昔什公在關，未出《十誦》，乃先譯戒本。及流支入秦，方傳大部。故戒心之與大本，今之傳誦，二本並行。業以元嘉十八年卒於吳中，春秋七十有五。

（據《高僧傳》卷十一《明律》）

宋京師長樂寺釋慧詢

釋慧詢，姓趙，趙郡人。少而蔬食苦行。經遊長安，受學什公。研精經論，尤善《十誦》、《僧祇》。乃更制條，章義貫終古。宋永初中，還止廣陵，大開律席。元嘉中至京止道場寺。寺僧慧觀，亦精於《十誦》，以詢德為物範，乃令更振他寺，於是移止長樂寺。大明二年卒於所住，春秋八十有四矣。

（據《高僧傳》卷十一《明律》）

宋京師道場寺釋法莊

釋法莊，姓申，淮南人。十歲出家，為廬山慧遠弟子。少以苦節標名。晚遊關中，從睿公稟學。元嘉初出都，止道場寺。性率素止一中而已。誦《大涅槃》、《法華》、《淨名》。每後夜諷誦，比房常聞莊戶前有如兵仗羽衛之響，實天神來聽也。宋大明初卒於寺，春秋七十有六。

（據《高僧傳》卷十二《誦經》）

宋山陰法華山釋僧翼

釋僧翼，本吳興餘杭〔註109〕人。少而信悟，早有絕塵之操。初出家，止廬山寺，依慧遠修學。蔬素苦節，見重門人。晚適關中，復師羅什，經律數論，並皆參涉，又誦《法華》一部。

以晉義熙十三年，與同志曇學沙門，俱遊會稽，履訪山水。至秦望西北，見五岫駢峰，有耆闍之狀，乃結草成庵，稱曰法華精舍。太守孟顗、富人陳

中戒行第一，故佛陀令其為眾中綱紀（指導大眾戒行規範師），因其末等種性而為如來上首弟子，由此可見如來眾生平等之廣大慈悲也。

〔註109〕即浙江杭州。

載，並傾心挹德，贊助成功。翼蔬食澗飲三十餘年，以宋元嘉二十七年卒，春秋七十。立碑山寺，旌其遺德，會稽孔逭制文。翼同遊曇學沙門，後移卜秦望之北，號曰樂林精舍。有韶相灌茜，並東嶽望僧，咸共憩焉。

（據《高僧傳》卷十三《興福》）

齊高昌郡釋智林

釋智林，高昌〔註 110〕人，初出家為亮公弟子。幼而崇理好學，負袠長安。振錫江豫，博採群典，特善《雜心》。及亮公被擯。弟子十二人皆隨之嶺外，林乃憩踵番禺〔註 111〕，化清海曲……

（據《高僧傳》卷八《義解》）

梁揚都正觀寺扶南沙門僧伽婆羅

僧伽婆羅，梁言僧養，亦云僧鎧，扶南國〔註 112〕人也……流離關輔，亦有著述云云。

（據《續高僧傳》卷一《譯經》）

魏南臺永寧寺北天竺沙門菩提流支

菩提流支，魏言道希，北天竺人也。遍通三藏，妙入總持……又令摩伽陀國禪師闍那耶舍，周言藏稱。共弟子闍那崛多等，於長安故域四天王寺，譯定意天子問經六部，沙門圓明、道辯，及城陽公蕭吉等筆受。

（據《續高僧傳》卷一《譯經》）

隋西京大興善寺北天竺沙門那連耶舍

那連提黎耶舍，隋言尊稱，北天竺烏場國人。正音應雲鄔荼，荼音持耶

〔註 110〕高昌：西域古國，位於今新疆吐魯番東南之哈喇和卓地方，是古時西域交通樞紐。

〔註 111〕番禺：古地名，即今廣東廣州。

〔註 112〕扶南國：又作夫南國、跋南國，意為「山嶽」，是曾經存在於古代中南半島上的一個古老王國名。其轄境大致相當於當今柬埔寨全部國土以及老撾南部、越南南部和泰國東南部一帶，是歷史上第一個出現在中國古代的史籍上的東南亞國家，也是中國古代史籍中經常出現的東南亞國家。

反，其王與佛同氏，亦姓釋迦，剎帝利〔註113〕種，隋雲土田主也，由劫初之時先為分地主，因即號焉，今所謂國王者是也……

開皇之始，梵經遙應，爰降璽書，請來弘譯。二年七月，弟子道密等，侍送入京，住大興善寺。其年季冬草創翻譯，敕昭玄統沙門曇延等三十餘人，令對翻傳。主上禮問殷繁，供奉隆渥。年雖朽邁，行轉精勤。曾依舍利弗陀羅尼，具依修業，夢得境界，自身作佛，如此靈祥雜沓，其例非一。後移住廣濟寺，為外國僧主。存撫羈客，妙得物心。忽一旦告弟子曰：「吾年老力微，不久去世，及今明瞭誡爾門徒，佛法難逢，宜勤修學，人身難獲，慎勿空過。」言訖就枕，奄爾而化，時滿百歲，即開皇九年八月二十九日也。

初耶舍先逢善相者云：「年必至百，亦合登仙，中壽果終。」其言驗矣。登仙冥理，猶難測之，然其面首形偉，特異常倫，頂起肉髻，聳若雲峰，目正處中，上下量等，耳高且長，輪埵成具，見人榮相未比於斯。固是傳法之碩德也。法主既傾，哀驚道俗，昭隆之事，將漸墜焉。凡前後所譯經論，一十五部，八十餘卷。即《菩薩》、《見實》、《月藏》、《日藏》、《法勝》、《毗曇》等是也。並沙門僧深、明芬、給事李道寶等，度語筆受，昭玄統沙門曇延、昭玄、都沙門靈藏等二十餘僧，監護始末。至五年冬，勘練俱了，並沙門彥琮製序，具見齊周隋二經錄，尋耶舍遊，涉四十餘年，國五十餘，里十五萬，瑞景靈跡，勝寺高僧，駛水深林，山神海狩，無非奉敬，並預懲降，事既廣周，未遑陳敘，沙門彥琮為之本傳，具流於世……

（據《續高僧傳》卷二《譯經》）

毗尼多流支

時又有同國沙門毗尼多流支，隋言滅喜，不遠五百由旬，來觀盛化。開皇二年，於大興善，譯《象頭精舍大乘總持經》二部，給事李道寶傳語，沙門法纂筆受，沙門彥琮製序。

（據《續高僧傳》卷二《譯經》之《那連耶舍傳》）

〔註113〕剎帝利：剎帝利是古印度四種姓之一。略稱剎利。意譯土田主。即國王、大臣等統御民眾、從事兵役的種族，所以也稱「王種」。其權勢頗大，階級僅次於婆羅門。乃王族、貴族、士族所屬之階級，係從事軍事、政治者。釋尊即出身此階級。在現代印度，剎帝利表示職業、統治和軍事階層。

隋西京大興善寺北賢豆沙門闍那崛多

闍那崛多，隋言德志，北賢豆〔註 114〕，揵陀囉國人也，隋言香行國焉，居富留沙富羅城，云丈夫宮也，剎帝利種，姓金步，此云項也。謂如孔雀之項，彼國以為貴姓。父名跋闍邏婆囉，此云金剛堅也。少懷遠量，長乘清範，位居宰輔，燮理國政。崛多昆季五人，身居最小，宿殖德本，早發道心。適在髫髻，便願出家，二親深識其度，不違其請。本國有寺名曰大林，遂往歸投。因蒙度脫，其郁波弟耶，此云常近受持者，今所謂和上，此乃于闐之訛略也，名曰嗜那耶舍，此云勝名。專修宴坐，妙窮定業。其阿遮利耶，此云傳授，或云正行，即所謂阿闍梨〔註 115〕也，亦近國之訛略耳。名曰闍若那跋達囉，此云智賢，遍通三學，偏明律藏。崛多自出家後，孝敬專誠，教誨積年，指歸通觀。然以賢豆聖境靈跡尚存，便隨本師具得瞻奉。時年二十有七，受戒三夏，師徒結志，遊方弘法。初有十人，同契出境，路由迦臂施國〔註 116〕，淹留歲序。國王敦請其師，奉為法主，益利頗周，將事巡歷，便逾大雪山西足，固是天險之峻極也。至厭怛國，既初至止，野曠民希，所須食飲，無人營造。崛多遂舍具戒，竭力供待。數經時艱，冥靈所祐，幸免災橫。又經渴囉槃陀〔註 117〕及于闐等國，屢遭夏雨寒雪，暫時停住。既無弘演，棲寓非久。又達吐谷渾國〔註 118〕，便至鄯州，於時即西魏大統元年也。雖歷艱危，心逾猛勵，發蹤跋

〔註 114〕賢豆：本音因陀羅婆陀那，此云主處，謂天帝所護故也。賢豆之音，彼國之訛略耳。身毒天竺：此方之訛稱也。而彼國人，總言賢豆而已，乃之以為五方也。詳見《續高僧傳》卷二。

〔註 115〕阿闍梨：又作阿捨梨、阿闍梨、阿只利、阿遮利耶。略稱闍梨。意譯為軌範師、正行、悅眾、應可行、應供養、教授、智賢、傳授。意即教授弟子，使之行為端正合宜，而自身又堪為弟子楷模之師，故又稱導師。

〔註 116〕迦臂施國：又稱迦毗尸、伽比沙、迦畢試、訶毗施，唐時亦名其國為罽賓，今阿富汗之卡菲里斯坦地區。

〔註 117〕即朅盤陀國：西域古王國，又稱渴盤陀國、喝盤陀國、渴飯檀國、漢盤陀國、喝囉盤陀國、大石國。其位置約在今新疆省塔什庫爾干之地，即所謂塞勒庫勒處，為經嶔嶺（帕米爾高原）的要衝，由此可通往北印度、睹貨羅國、莎車、于闐、佉沙（疏勒）等地。

〔註 118〕吐谷渾：鮮卑慕容一支，藏族人民稱之為阿柴。是西晉至唐朝時期位於祁連山脈和黃河上游谷地的一個古代國家。因其統治地區位於黃河以南，統治者又被封為「河南王」，因此被南朝稱為河南國或河南〔1〕。東晉十六國時期控制了青海、甘肅等地，與南北朝各國都有友好關係。隋朝與之聯姻。被唐朝征服，加封青海王。唐朝中期，被吐蕃驅趕至河東，五代時期開始受遼國統治。現已與各民族融合。

涉，三載於茲。十人之中過半亡沒，所餘四人僅存至此。以周明帝武〔註 119〕成年，初屆長安。止草堂寺。師徒遊化，已果來心，更登淨壇，再受具足，精誠從道尤甚由來。稍參京輦，漸通華語。尋從本師勝名，被明帝詔延入後園，共論佛法。殊禮別供，充諸禁中。思欲通法，無由自展。具情上啟，即蒙別敕，為造四天王寺，聽在居住。自茲已後乃翻新經，既非弘泰，羈縻而已。所以接先闕本，傳度梵文，即《十一面》、《觀音》、《金仙問經》等是也。

會譙王宇文儉鎮蜀，復請同行於彼三年，恒任益州僧主，住龍淵寺，又翻《觀音偈佛語經》。建德隳運，像教不弘，五眾一期，同斯俗服。武帝下敕追入京輦，重加爵祿，逼從儒禮，秉操鏗然，守死無懼。帝愍其貞亮，哀而放歸。路出甘州〔註 120〕北由突厥，闍梨智賢還西滅度。崛多及以和尚，乃為突厥所留。未久之間，和尚遷化，隻影孤寄，莫知所安。賴以北狄君民，頗弘福利，因斯飄寓，隨方利物。有齊僧寶暹、道邃、僧曇等十人，以武平〔註 121〕六年，相結同行，採經西域，往返七載，將事東歸。凡獲梵本二百六十部，行至突厥。俄屬齊亡，亦投彼國。因與同處講道相娛，所齎新經，請翻名題，勘舊錄目轉覺巧便，有異前人。無虛行苦，同誓焚香共契宣布。

大隋受禪，佛法即興，暹等齎經先來應運。開皇元年季冬，屆止京邑。敕付所司訪人令譯。二年仲春便就傳述。夏中詔曰：「殷之五遷，恐民盡死，是則居吉凶之土，制短長之命，謀新去故如農望秋。龍首之山，川原秀麗，卉木滋阜，宜建都邑定鼎之基，永固無窮之業。在茲可域，城曰大興城，殿曰大興殿，門曰大興門，縣曰大興縣。園花池沼其號並同，寺曰大興善也，於此寺中傳度法本。」時崛多仍住北狄。至開皇五年，大興善寺沙門曇延等三十餘人，以躬當翻譯音義乖越。承崛多在北，乃奏請還。帝乃別敕追延，崛多西歸已絕，流滯十年，深思明世，重遇三寶，忽蒙遠訪，欣願交並，即與使乎同來入國。於時文帝巡幸洛陽，於彼奉謁，天子大悅，賜問頻仍。未還京闕，尋敕敷譯。新至梵本眾部彌多，或經或書，且內且外，諸有翻傳，必以崛多為主。僉以崛多言識異方，字曉殊俗，故得宣辯自運，不勞傳度，理會義門，句圓詞體。文意粗定，銓本便成。筆受之徒，不費其力，試比先達，抑亦繼之。爾時

〔註 119〕即南北朝時期北周的皇帝宇文毓，公元 557～560 年在位。《周書》卷四有本紀。

〔註 120〕甘州：古地名，即今甘肅張掖。

〔註 121〕武平：南北朝時期北齊後主高緯的年號，即公元 570～576 年。

耶舍已亡，專當元匠，於大興善更召婆羅門僧達摩笈多，並敕居士高天奴、高和仁兄弟等，同傳梵語。又置十大德沙門僧休、法粲、法經、慧藏、洪遵、慧遠、法纂、僧暉、明穆、曇遷等，監掌翻事，銓定宗旨。沙門明穆、彥琮，重對梵本再審覆勘，整理文義。昔支曇、羅什等所出大集，卷軸多以三十成部，及耶舍、高齊之世，出月藏經一十二卷，隋初後出日藏分一十五卷。既是大集廣本，而前後譯分，遂便支離，部帙羈散。開皇六年，有招提寺沙門僧就，合之為六十卷。就少出家專寶坊學，雖加宣導，恨文相未融，乃例括相從，附入大部。至於詞旨愜當，未善精窮。比有大興善寺沙門洪慶者，識度明達，為國監寫藏經，更釐改就所合者，名題前後，甚得理致。且今見翻諸經，有多是大集餘品，略而會之應滿百卷，若依梵本，此經凡十萬偈，據以隋文可三百卷。崛多曾傳，于闐東南二千餘里有遮拘迦國，彼王純信，敬重大乘，宮中自有《摩訶般若》、《大集》、《華嚴》三部。王躬受持，親執鎖鑰。轉讀則開，香華供養。或以諸餅果誘引小王，令其禮拜。此國東南可二十餘里，山甚岩險，有深淨窟，置《大集》、《華嚴》、《方等》、《寶積》、《楞伽方廣舍利》、《弗花聚二》、《陀羅尼都薩羅藏》、《摩訶般若》八部，《般若大雲經》等凡十二部，減十萬偈。國法相傳，防衛守護，又有入滅定羅漢三人。窟中禪寂，每至月半，諸僧就山為其淨髮，此則人法住持，有生之所憑賴。

崛多道性純厚，神志剛正，愛德無厭，求法不懈。博聞三藏，遠究真宗，遍學五明，兼閒世論，經行得道場之趣，總持通神咒之理。三衣一食，終固其誠，仁濟弘誘，非關勸請。勤誦佛經，老而彌篤。強識先古，久而逾諳。士庶欽重，道俗崇敬。隋滕王遵仰戒範，奉以為師。因事塵染，流擯東越。又在甌閩道聲載路，身心兩救，為益極多。至開皇二十年，便從物故，春秋七十有八。

自從西服來至東華，循歷翻譯合三十七部，一百七十六卷。即《佛本行集》、《法炬》、《威德》、《護念》、《賢護》等經是也。並詳括陶冶，理教圓通。文明義結，具流於世，見費長房《三寶錄》。初隋高祖又敕崛多，共西域沙門若那竭多，開府高恭、恭息都督、天奴和仁及婆羅門毗舍達等，於內史內省，翻梵古書及乾文。至開皇十二年，書度翻訖，合二百餘卷。奏聞進內，見唐貞觀《內典錄》。

（據《續高僧傳》卷二《譯經》）